Edith Ostermayer

Bildung durch Beziehung

Wie Erzieherinnen den Entwicklungs- und Lernprozess von Kindern fördern

HERDER

Gedruckt auf umweltfreundlichem, chlorfrei gebleichtem Papier
Umschlaggestaltung: R·M·E Roland Eschlbeck/Rosemarie Kreuzer
Umschlagfoto: Hartmut W. Schmidt, Freiburg

www.herder.de
Satz: Barbara Herrmann, Freiburg
Druck und Bindung: fgb · freiburger graphische betriebe 2006
www.fgb.de
ISBN-13: 978-3-451-28933-0
ISBN-10: 3-451-28933-4

Inhalt

Vorwort

Der Bildungsauftrag von Kindertageseinrichtungen rückte neben dem Erziehungs- und Betreuungsauftrag in den letzten Jahren immer mehr ins Zentrum öffentlicher Diskussionen. Dabei wurden die Bildungsdiskussionen auf nationaler Ebene geprägt durch das Wissens- und Bildungsdelphi des Bundesministeriums für Bildung und Forschung aus den Jahren 1996–1998, durch das „Forum Bildung“, das sich 1999 auf Initiative des Bundes und der Länder konstituierte, sowie durch die Befunde der ersten PISA-Studie von 2001. Letztere hatte wie kein anderer internationaler Leistungsvergleich Einfluss und Auswirkungen auf die öffentlichen Bildungsdiskussionen und damit auch auf die Definition des Bildungsauftrags von Kindertageseinrichtungen. Die Bundesländer haben im Zuge dessen jeweils eigene und voneinander unabhängige Bildungs- oder Orientierungspläne formuliert, die die Grundlage für künftige pädagogische Arbeit in den Kindertageseinrichtungen bilden sollen.

Allen gemeinsam ist das Bemühen, den Auftrag der Bildung für das Entwicklungsalter der Kinder in den Tagesstätten zu modulieren und Vorgaben wie auch Empfehlungen zur Förderung von Bildung in den Kindertageseinrichtungen an die Hand zu geben. Man erreichte damit, dass sich nicht nur Erzieherinnen[1], sondern auch Eltern, Träger und Schulen mehr mit dem Bildungsauftrag des Elementarbereiches auseinander setzen und entsprechende Forderungen an ihn stellen.

---

[1] Im Folgenden wird durchgehend von „Erzieherinnen“ gesprochen, da dieser Beruf hauptsächlich von Frauen ausgeübt wird. Die männlichen Kollegen mögen sich bitte ebenso angesprochen fühlen.

Kindertageseinrichtungen machten und machen sich in diesem Kontext auf den Weg, ihre bisherigen pädagogischen Programme zu überprüfen. Im pädagogischen Alltag der Kindertageseinrichtungen laufen viele Aktivitäten mit dem Ziel „Bildung“, doch für viele Erzieherinnen und Eltern ist immer noch offen, was „Bildung“ wirklich ausmacht und welche Rolle die pädagogischen Fachkräfte dabei inne haben. Ebenso muss die Frage gestellt werden, welche Rolle Erzieherinnen den Kindern bei der Gestaltung des Alltags in der Kindertageseinrichtung, in Projekten, in Angebotsformen zugestehen, wie viel Raum sie kindlichem Neugierverhalten, auch Abweichungen vom geplanten Weg geben und wie sehr sie selbst Lernimpulse setzen.

Leider formuliert nahezu keiner der länderspezifischen Bildungs- oder Orientierungspläne die Bedeutung der Beziehung zwischen Kind und Erzieherin im Hinblick auf das kindliche Lernen deutlich genug und zeigt hinreichend entsprechende Zusammenhänge auf. Die Benennung der Gründe für die so wichtige Bedeutung der Beziehungsgestaltung zwischen Erzieherin und Kind bzw. auch zwischen Eltern und Kind bleibt somit aus. Dabei beruhen sämtliche Basiskompetenzen bzw. Schlüsselqualifikationen – die laut der Curricula bei Kindern zu fördern sind und welche in allen ausführlich dargelegt werden – auf einer ausgewogenen, tragfähigen und authentischen Beziehung zwischen Kind und Erziehendem.

Zu den einzelnen Bildungs- und Kompetenzbereichen gibt es in den unterschiedlich umfänglichen Vorlagen wie auch in deren Erläuterungen unzählige Aussagen und Materialien. – Dieses Phänomen zeichnet sich ebenso in der aktuellen Fachliteratur ab. Anregungen oder Arbeitsmaterialien zur Reflexion und Analyse der Beziehungsqualitäten in den elementarpädagogischen Einrichtungen sowie zur Bedeutung der Erzieherinnenpersönlichkeit für den Bildungs- und Erziehungsprozess sind jedoch hier wie dort kaum bis überhaupt nicht zu finden. Dabei sollte das Wissen um neue Erkenntnisse aus der frühkindlichen Forschung die Grundlage für professionelles Handeln von Erzieherinnen sein. Unterschiedliche Forschungsfelder treffen klare Aussagen zur Bedeutung von Beziehung für kindliches Lernen und Entwicklung, so z. B. die Entwicklungspsychologie, explizit die Bindungsforschung, die Kognitionsforschung, die Hirnforschung und darüber hinaus auch die Sozialwissenschaften.

Da die Beziehung der Erzieherin zum Kind ganz stark durch ihre eigene Haltung und das eigene Bild vom Kind geprägt wird, ist für den Prozess wertvoller pädagogischer Arbeit eine Überprüfung derselben enorm wichtig. Nicht zuletzt aus diesem Grund ist den folgenden Ausführungen ein Praxisbaustein in Form eines Anhangs (Kapitel 8) angefügt, der eine konkrete Handreichung zur Überprüfung dieses Aspektes für die pädagogische Arbeit in den Einrichtungen darstellt.

Das vorliegende Buch soll zum einen das erforderliche Grundlagenwissen über den Zusammenhang von Beziehung und dem Bildungs- und Lernprozess von Kindern sowie dessen Bedeutung für eine positive Entwicklung vermitteln. Darüber hinaus soll es ermöglichen, sich selbst und die pädagogische Arbeit in der (eigenen) Kindertageseinrichtung zu überprüfen. Praxisbeispiele und Fragen zur Selbstreflexion werden dies unterstützen. Es möchte eine zweckmäßige Arbeits- und Orientierungshilfe sein. Im besten Fall kann es schließlich der Professionalisierung pädagogischer Fachkräfte und der Ausgestaltung des Bildungsauftrages von Kindertageseinrichtungen dienen.

Edith Ostermayer
edith.ostermayer@web.de

1 Das „neue" Bild vom Kind?

Im Zentrum der Bildungsdiskussionen steht selbstredend der Begriff der *Bildung*. Es wird viel analysiert, interpretiert und gefordert, was mit Bildung gemeint ist und gemeint sein muss. Für eine fruchtbare Diskussion sollte zunächst ein Einvernehmen darüber hergestellt werden, wie Bildung zu verstehen ist. Was soll Bildung nach heutigen wissenschaftlichen Kenntnissen und in den derzeitigen sozialen, kulturellen und gesellschaftlichen Bedingungen sein und leisten? Welcher Bedingungen bedarf es, damit Bildung gelingt?

Doch bevor diese Fragen in den folgenden Darstellungen zunächst allgemein und später spezifisch betrachtet werden, muss zuerst eine andere, wesentliche Grundlage geschaffen werden: ein Verständnis vom Kind und seiner Entwicklung.

Die Frage lautet demnach: Wie sieht das heutige Bild vom Kind aus? Oder: Wie muss ein solches in unserer derzeitigen Gesellschaft definiert werden? Und schließlich: Welche Aussagen treffen die Bildungs- und Orientierungspläne hinsichtlich des Bildes vom Kind?

1.1 Im Fokus: Verschiedene entwicklungspsychologische und pädagogische Handlungskonzepte

Für das heutige Bild vom Kind nehmen Jean Piagets Erkenntnisse aus der kognitiven Entwicklungspsychologie eine Schlüsselstellung ein. Ebenso finden sich in der Geschichte der Pädagogik erste Quellen für das Bild vom Kind. Von Rousseau über Pestalozzi und Fröbel zieht sich eine konstante Linie bis zum Anfang des 20. Jahrhunderts. Eine Vielzahl derzeit geltender pädagogischer Programme ist von den Prinzipien des Situationsansatzes beeinflusst oder geprägt. Dieser traf bislang allerdings keine konkrete Aussage über das Bild vom Kind und formulierte somit entsprechend keine explizite pädagogische Haltung. Erst das jüngere Projekt der Nationalen Qualitätsinitiative (NQI) „Der Situationsansatz für pädagogische Arbeit" unter der Leitung von Christa Preissing geht erste, aber konkrete Schritte in diese Richtung. Den Situationsansatz als pädagogisches Handlungskonzept lasse ich in diesem Kontext dennoch bewusst außen vor, da ich ein entsprechendes Grundlagenwissen darüber bei den Leserinnen und Lesern voraussetze. Vielmehr sollen hier kurz Beispiele reformpädagogischer Handlungskonzepte angeführt werden.

So möchte ich mich im Folgenden auf die pädagogischen Wegbereiter beschränken, deren Prinzipien dem heutigen Verständnis vom Kind und seiner Entwicklung am nächsten kommen und die in vielen bedeutsamen Aspekten übereinstimmen. Vor allem aber treffen sie eindeutige Aussagen hinsichtlich der zu gestaltenden Beziehung zwischen dem Erziehenden und dem Kind.

Sie werden einen Bogen vorfinden, der sich von Piagets Theorie der kognitiven Entwicklung über die Pädagogik Maria Montessoris, Céléstin Freinets bis hin zur Reggiopädagogik erstreckt. Dabei wird jeweils ein Bezug zur der heute in allen Diskussionen gegenwärtigen konstruktivistischen Perspektive wie auch der Kindzentrierung hergestellt.

Schlussendlich soll durch die folgenden Darstellungen deutlich werden, dass das heutige, das scheinbar „neue" Bild vom Kind gar nicht so neu ist. Zumindest hat man in neueren Forschungen die früheren Erkenntnisse und Haltungen aus der Pädagogik, der Entwicklungspsychologie wie auch der Biologie als Ausgangsbasis zur Erklärung von Bildungs- und Entwicklungsprozessen genommen.

Jean Piaget

Wollte man eine Geschichte der Natur- und Geisteswissenschaften schreiben, führte kein Weg an Jean Piaget (1896–1980) vorbei. Nicht nur die Entwicklungspsychologie, sondern auch die Pädagogik, die Biologie und nicht zuletzt die Sozialisationsforschung finden bis heute Anregungen in seinen theoretischen Ansätzen. Mit seinen über viele Jahrzehnte hinweg kontinuierlich fortgeführten empirischen Untersuchungen legte er die Basis für eine umfassende Theorie der kognitiven Entwicklung des Menschen.

Das Bild vom Kind

Der Erkenntnistheorie Piagets liegt das Menschenbild des Konstruktivismus[2] zu Grunde. Von großer Bekanntheit ist Piagets These: „Das Kind ist Akteur seiner Entwicklung“. Diese Aussage lässt in gewissem Maße auf eine kindzentrierte Haltung schließen. Piaget versuchte die Entstehung von Wissen im Individuum zu studieren und zu beschreiben. Er interpretierte Intelligenz nicht als feste Eigenschaft eines Individuums, sondern sah sie entwicklungsabhängig. Demnach ist laut seiner Auffassung die Entwicklung der Intelligenz kaum durch die Umwelt beeinflussbar – ein

---

[2] Konstruktivismus: Nach dem konstruktivistischen Menschenmodell betrachtet man den Menschen als Gestalter seiner Entwicklung. Er wird als erkennendes und selbst reflektierendes Wesen aufgefasst, das ein Bild von sich und seiner Umwelt hat. Durch die Auswertung neuer und vorausgehender Erfahrungen modifiziert er diese Bilder fortwährend. Der reflexive Mensch reagiert nicht mechanisch auf Reize. Auch ist seine Entwicklung nicht nur durch biologische Reifung bestimmt. Er gestaltet seine Entwicklung mit, indem er ziel- und zukunftsorientiert handelt. Entwicklung geschieht demzufolge als weitgehend selbst gesteuerter Prozess. Die Umwelt kann die Entwicklung nicht steuern, sie kann lediglich zum jeweils gegebenen Entwicklungsstand angemessene Anregungen geben, z. B. durch Fragen- und Problemstellungen. Selbst die Entwicklung von Lösungsvorschlägen sollte in entdeckender und strukturierender Aktivität des Subjektes konstruktiv genutzt werden.

Aspekt, der heute eindeutig widerlegt ist –, sondern vielmehr ein Reifeprozess. Dieser Reifeprozess verläuft nach Piagets Interpretation in fünf Stufen, die von der Geburt bis ins Jugendalter hineinreichen. Dieser Ansatz ist als *Stufentheorie* der Entwicklung kognitiven Verhaltens bekannt geworden. Der sich darin vollziehende Umbau der Denk- und Handlungsstrukturen des Individuums bedingt sich durch eine fortwährende Interaktion mit den Gegenständen der Umwelt und stellt einen sich ständig vollziehenden Prozess dar.

Nach Piaget ist das Kind allerdings in seinen Konstruktionen nicht völlig frei. Es ist vielmehr „abhängig von seinen geistigen Möglichkeiten, die ihm auf seinem jeweiligen Entwicklungsstand zur Verfügung stehen" (Völkel in Laewen 2002, S. 106).

Aufgabe des Erwachsenen

Gemäß diesem Modell hat der Erwachsene bzw. die Umwelt die Aufgabe, dem Kind ein Ziel vorzugeben, zu dem es sich hinbewegen soll. Erwachsene sollen einen Rahmen schaffen, innerhalb dessen es dieses Ziel erreichen kann. Der Rahmen dient letztendlich als pädagogisches Stützsystem, das dem Kind hilft, sich auf sein Ziel zuzubewegen, indem seine Entwicklungsstufen fortwährend beobachtet und beachtet werden.

Kritik an Piagets Theorie

Neuere Theorien belegen, dass entgegen Piagets Theorie der kindliche Entwicklungsstand und dessen Entwicklungsmöglichkeiten nicht nur genetisch bedingt sind. Vielmehr wird das Kind insbesondere dann in seiner Entwicklung angeregt, wenn es gemeinsam mit einem Partner, der über größeres Wissen und größere Kompetenz verfügt, ein kognitives Problem löst. Besonders förderlich sind diese Bemühungen, wenn der Partner auf einem Kompetenzniveau interagiert, das die bislang erworbenen Kompetenzen des Kindes nur geringfügig überragt.

Diese Tatsache stellt ebenso Piagets Stufen- und Erkenntnistheorie, die sich sehr stark auf den kognitiven Bereich bezieht, in Frage. Entwicklung und Lernen findet niemals alleine auf kognitiver Ebene statt, sondern insbesondere auch auf Grund emotionaler Einstellungen des Individuums zu neuen Herausforderungen und durch die affektive Begleitung von Lernprozessen, d. h. durch die emotionale Zuwendung der Bezugsperson. Insbesondere spielen in Lernprozessen die sozialen Interaktionen eine große Rolle. Es kann nicht nur das Entwicklungssubjekt, also das Kind, als aktiv gestaltend wahrgenommen werden. Vielmehr muss auch dem Entwicklungskontext eine gestaltende Funktion zugebilligt werden – der Umgebung und Umgebungsgestaltung, den direkten sozialen Bezügen wie auch den gesellschaftlichen Bedingungen, in die das Kind während seines Heranwachsens eingebettet ist. Demzufolge wäre das konstruktivistische Menschenbild durch systemische Theorien zu erweitern.

Weiterhin ist zu bemerken, dass in einer im Alltag zu bewältigenden Situation immer verschiedene Fähigkeiten gleichzeitig gefordert werden. Demzufolge ist die Wahrnehmung und Bewältigung einer Situation immer als komplexer Vorgang zu verstehen und nicht als ein rein kognitiver. Selbst ähnliche Erfahrungen gewichten Kinder und Menschen allgemein unterschiedlich. Nach heutigen Erkenntnissen geht man davon aus, dass Entwicklung immer in individuell unterschiedlichen Prozessen verläuft und nie nach allgemein gültigen Stufen und Faktoren zu betrachten ist. Entwicklung und Lernen verläuft jeweils in individuellem Tempo und hängt ebenso von den spezifischen Interessen des einzelnen Kindes ab.

Somit wird deutlich, dass Piagets Theorie auf Grund des Standes heutiger Forschungen, insbesondere der Säuglings- und Kognitionsforschung, seine Lücken aufweist und sich in einigen Aspekten nicht mehr hält. Für die Entwicklung des konstruktivistischen Menschenbildes jedoch hatte seine Theorie eine grundlegende und nachhaltige Bedeutung.

Maria Montessori

Die pädagogischen Prinzipien der italienischen Ärztin und Pädagogin Maria Montessori (1870–1952) und die von ihr entwickelte Montessori-Pädagogik sind bis heute bekannt und haben immer noch Geltung. Zentraler Punkt aller Überlegungen Maria Montessoris ist ihre Grundhaltung dem Kind gegenüber: Sie schuf eine „Pädagogik vom Kinde aus". Sie sah ihre Aufgabe darin, alle im Menschen verborgenen schöpferischen Kräfte, an die sie fest glaubte, zu wecken und zu aktivieren, damit er Harmonie und Normalität erlange. Die Arbeit der Erziehenden vergleicht sie mit den Methoden eines Arztes, speziell mit der Hygiene.

Berühmt wurde auch das spezifische Montessori-Material, durch das das eigenständige Tun und die Möglichkeit einer eigenen Fehlerkontrolle das Kind unabhängig machen soll von Anweisungen und Kontrolle durch den Erwachsenen. Den pädagogischen Alltag zeichnen Faktoren wie Ordnung, Stille, Konzentration, Freiheit, schöpferisches Lernen, Selbstentfaltung und Selbstständigkeit aus.

Das Bild vom Kind

Das Kind gilt nach Montessori als *Baumeister des Menschen.* Und nur das Kind allein kann dem Erwachsenen enthüllen, was sein natürlicher Bauplan ist. „Das Kind ist nicht ein leeres Gefäß, das wir mit unserem Wissen angefüllt haben und das uns so alles verdankt [...] und es gibt niemanden, der nicht von dem Kind, das er einmal war, gebildet wurde." (Montessori 1994). Sie glaubt, dass das Kind jeweils seine wahre Natur zeigt, wenn es eine Arbeit gefunden hat, die es interessiert und fesselt. Sie glaubt an die verborgenen schöpferischen Kräfte im Menschen, die es zu wecken und zu aktivieren gilt. Montessori betrachtet das Kind grundsätzlich als mit allem ausgestattet, was es für eine gesunde Entwicklung braucht – sogar mit der Fähigkeit, Fehler zu erkennen und zu beheben. Was das Kind allerdings braucht, ist eine aufrichtige Umgebung mit Liebe und Zuneigung.

Das Kind hat von sich aus ein grundlegendes Bedürfnis nach Betätigung. Die Umgebung, aus der das Kind seine Betätigungen schöpft, gehört nach Montessori dem Kind, nicht der Erzieherin. – Darin wird die Kindzentrierung der Montessori-Pädagogik sehr deutlich. Das Kind hat nach Montessori ein Recht auf Spontaneität und freie Entfaltung. In dieser Freiheit lernt es und bringt höchste Motivation und Konzentration auf.

Aufgabe des Erwachsenen

Was könnte besser die Forderung des Kindes nach der Haltung des Erwachsenen beschreiben als: „Hilf mir, es selbst zu tun"? Dieser Ruf des Kindes gilt als leitendes Prinzip in der Montessori-Pädagogik. Die Erzieherin, auch die *neue Lehrerin* genannt, muss zunächst in einer Art Selbstvorbereitung daran glauben, dass das Kind, das sie vor sich hat, einen gesunden Entwicklungsweg gehen wird, wenn es eine Arbeit (Montessori spricht hinsichtlich kindlichen Tuns generell von „Arbeit") gefunden hat, die seinen Bedürfnissen und seinem Interesse entspricht.

Das Kind ist jedoch insofern auf den Erwachsenen angewiesen, als dieser ihm die Umgebung vorbereitet, ihm Material zur Verfügung stellt, mit dem es sich eigentätig und Sinne fördernd auseinander setzen kann.

Die Erzieherin darf nicht über dem Kind stehen. Sie muss sich vielmehr als Wächterin und Beobachterin der kindlichen Bedürfnisse und Entwicklungen verstehen. Die neue Lehrerin beobachtet vorrangig den Lernprozess und tritt – wenn nötig – mit dem Kind in Kommunikation. Sie muss auf das Kind hören, wenn es sagt: „Hilf mir, es selbst zu tun". Für die Erzieherin bedeutet dies eindeutige Zurückhaltung, ohne dass sie das Kind sich selbst überlässt. Ihre Aufgabe ist es, die schöpferischen Kräfte des Kindes zu wecken und das Kind zur Selbstständigkeit zu motivieren. – Auch hierin zeigt sich die kindzentrierte Haltung. *Wissen, lieben, dienen* – diese Grundsätze sind für Montessori unabdingbar, um dem Kind in vorbereiteter Umgebung in harmonischer Atmosphäre zur Normalität, also zu seiner freien Entwicklung zu verhelfen. Nicht von ungefähr spricht man bei Montessoris Pädagogik von *Entwicklungspädagogik.* Das Kind braucht das sichere Gefühl, von den Erwachsenen wahrgenommen zu werden. Der Erwachsene muss daher immer aufrichtig sein hinsichtlich dessen, ob er ganz bei der Sache ist, ob er ein wahres Interesse an dem Kind hat und ob er sich Mühe gibt, das Kind zu verstehen.

Montessori klagte seinerzeit an, dass es in der Gesellschaft an Platz für die Kinder fehlt, wo sie nicht unterdrückt werden, sondern wo sie „Mittel zur Entwicklung finden" (Montessori 1979). – Aktueller könnte diese Forderung nicht sein.

Kritik an Montessoris Theorie

Maria Montessoris Pädagogik hat in den letzten Jahren immer mehr an Interesse und Umsetzung erfahren – sicherlich auch auf dem Hintergrund dessen, dass viele Eltern und Erzieherinnen mit bestehenden Bildungskonzepten nicht mehr zufrieden sind. Dennoch müssen nach heutigen Erkenntnissen auch dort einige Punkte in Frage gestellt werden.

Dies gilt z. B. für den Einsatz des *Sinnesmaterials.* Indem es zum einen vorkonstruiert ist und mit einer klaren Zielbeschreibung zu gebrauchen ist, birgt es gleichzeitig Einschränkungen in sich. Das gilt ebenso auf Grund der ganz klar durchzuführenden Stufen bei der Einführung des Materials. Die heutige Erkenntnis der Bedeutung von Forschen und Experimentieren für kindliches Lernen bleibt dahingehend unberücksichtigt. Wenn auch Montessori die Förderung von Kreativität und Schöpfung fordert, muss in diesem Kontext eher eine Einschränkung derselben beklagt werden. Die Entwicklung kreativer Lösungswege ist im Umgang mit diesem Material dabei ebenso wenig möglich. Zugute halten möchte ich der Beschaffenheit und Zielsetzung des Sinnesmaterials jedoch die Möglichkeit der selbsttätigen Beschäftigung damit und der eigenständigen Fehlerkontrolle – ein Ansatz, der z. B. in dem Prinzip der Lernwerkstätten seinen Widerklang findet.

Der große Gewinn der Pädagogik Maria Montessoris allerdings ist ihr Bild vom Kind als einem kompetenten Wesen, das alles, was es zu seiner Entwicklung braucht, bereits in sich trägt. Es ist die hohe Achtung vor den kindlichen Potenzialen und seinem Wesen. – Dieser Aspekt müsste bei all jenen Sympathie erlangen, die sich in unserer immer noch eher kinderunfreundlichen Gesellschaft um eine gesunde Entwicklung des Kindes bemühen. Auch die Erziehung zur Selbstständigkeit gewann mit ihrer Pädagogik an Bedeutung.

Durch diese grundlegenden Komponenten musste seinerzeit und muss auch heute die Rolle der Erzieherin bewusst hinterfragt werden – wenn nicht sogar die grundsätzliche Begegnung zwischen Erwachsenem und Kind. Der Blick des Erwachsenen wurde und wird weg vom Hierarchischen hin zu einer Ermächtigung und Ermutigung des Kindes gelenkt. Vor allem aber wurden mit Montessoris Pädagogik bereits wesentliche Grundsteine zur beobachtenden, sich einfühlenden und wertschätzenden Haltung der Erzieherin in der Begegnung und Interaktion mit dem Kind gelegt – nichts könnte aktueller sein.

Céléstin Freinet

Céléstin Freinet (1896–1966) war Dorfschullehrer und französischer Reformpädagoge. Durch eine Kriegsverletzung (ein Lungenschuss im ersten Weltkrieg) war er den gängigen Anforderungen des Frontalunterrichts in der Schule nicht mehr gewachsen und musste entsprechende Alternativen entwickeln. Dies soll bewusst an der Stelle erwähnt werden, denn dieser Aspekt hatte große Auswirkung auf seine Pädagogik: Er sollte als Lehrer entlastet werden und in den Hintergrund treten.

Freinet begründete mit anderen französischen Lehrern die „Bewegung der modernen Schule“ (école moderne). Was seine Pädagogik auszeichnet, ist ihre Entstehung aus der Praxis. Sie gilt als pädagogische Richtung, die das Kind mit seinem Leben, seinen Bedürfnissen und Möglichkeiten in den Mittelpunkt stellt. (Auch hier zeigt sich ganz deutlich die Kindzentrierung.)

Wesentliche Elemente dieses pädagogischen Handlungsansatzes gründen darin, dass ihre Arbeitsweisen, Methoden und Arbeitsmittel, selbst die Organisationsform im Dialog mit den Kindern zu entwickeln sind. Einer der Kernpunkte der Freinet-Pädagogik ist die *Differenzierung des Lernens,* was die räumliche Aufteilung des Klassenzimmers in unterschiedlichste Arbeitsateliers beschreibt. Daneben steht die *Individualisierung des Lernens.* Jedes Kind stellt wöchentlich mithilfe des Lehrers seinen individuellen Lern- und Arbeitsplan auf, anhand dessen es eigenverantwortlich die ganze Woche beschäftigt ist. Als weiteres Prinzip ist die *Lebensnähe der Lerninhalte* wichtig. Das kommt u. a. darin zum Ausdruck, dass Freinet den Kindern das Wort gibt. Zum einen wählen sie mit den Erwachsenen zusammen das Arbeitsmaterial und die Lehrbücher aus. Zum anderen bringen sie Themen aus ihren individuellen Lebensbezügen ein, die dann als Arbeitsthema Verwendung finden.

Die Freinet-Pädagogik wurde zunächst als Schulpädagogik entwickelt, sie fand aber auch in den letzten Jahrzehnten immer mehr Einzug in den Kindertagesstättenbereich.

Das Bild vom Kind

Freinet gesteht dem Kind die Kompetenz zu, eigene Bedürfnisse zu erkennen, auszudrücken und handelnd zu bewältigen. Auch er sieht das Kind als *Akteur seiner Entwicklung,* das sich selbst bildet – mit der Hilfe der Erwachsenen.

Im Zentrum seiner Erziehung steht das Leben des Kindes mit seinen Bedürfnissen und Möglichkeiten (Kindzentrierung). Das Kind ist grundsätzlich in der Lage, seinen individuellen Rhythmus zu finden und diesem zu folgen. Es ist darüber hinaus fähig, Verantwortung zu übernehmen und soll sich an alltäglichen Verpflegungs- und Versorgungsaufgaben beteiligen können. Es findet eigene Wege der Mitteilung an andere. (Das geschieht im gemeinsamen pädagogischen Alltag in Kindertageseinrichtungen oder Schule durch Aushängen von Zetteln, Briefen etc., auch in gemalter Form, eben seinem Entwicklungsstand und seinen Möglichkeiten angemessen.) Hierin zeigt sich sehr deutlich Freinets Achtung der kindlichen Möglichkeiten und seiner Persönlichkeit.

Durch die Verwendung des Begriffes „Arbeit" (siehe Montessori) in der Arbeit mit Spielcharakter (*Travail-jeu*) und dem Spiel mit Arbeitscharakter (*Jeu-Travail*) des Kindes drückte er damit auch seinen Respekt gegenüber dessen Leistung, dessen Bemühungen, Ideenreichtum, Kreativität und Tätigkeit aus.

Aufgabe des Erwachsenen

Die erste und oberste Aufgabe des Erwachsenen besteht darin, dem Kind seinen Entwicklungsraum zur Verfügung zu stellen und zu ermöglichen. Damit das Kind seine drei Entwicklungsrichtungen möglichst gut ausbilden kann, hat der Erwachsene einen Rahmen, der dies ermöglicht, herzustellen und zu gewährleisten. Dieser Rahmen richtet sich nach den Prinzipien *Freiheit, Verantwortung, Sinn und Bezug zum Leben.* Kinder sollen sich nahe am Leben entwickeln können. Das Leben der Kinder (und damit auch ihre Themen) soll in die pädagogische Arbeit mit einfließen.

Ähnlich wie Montessori sieht auch Freinet es als wichtig an, dass der Erwachsene das Kind hört, ihm zuhört, um es zu verstehen. Er soll ihm helfen, sich auszudrücken und seine Bedürfnisse zu stillen. Er soll das Kind unterstützen und begleiten. Er kann dem Kind zwar Wege aufweisen, doch soll er das Kind darin unterstützen „es selbst zu tun". Auch hier wird die deutliche Verwandtschaft mit Montessori deutlich. Freinet glaubt ebenso daran, dass das Kind jedes Potenzial mitbringt, „seine" Aufgaben zu bewältigen. Dem Entwicklungsalter angemessen spricht er dem Kind Wahlmöglichkeiten für sein Handeln, Arbeiten und Interagieren mit andern zu. Er glaubt daran, dass Kinder ihr Zusammenleben selbst regeln können.

Alle diese Elemente entlasten den Erwachsenen. Indem er nicht mehr für alles alleine verantwortlich ist, ist er selbst auch nicht mehr von großer Wichtigkeit. Durch diese Entlastung kann er besser die Unterschiede der Kinder beobachten und dort gezielte Hilfe anbieten und gewähren, wo sie benötigt wird. Ein ganz bedeutsames Ziel des Freinet-Pädagogen ist die individuelle Unterstützung und Entwicklung des Kindes.

Kritik an Freinets Pädagogik

Wie eingangs schon erwähnt, entstand die Freinet-Pädagogik als Schulpädagogik. So ist im Einzelnen zu prüfen, welche Elemente wirklich auf den Kindergarten übertragbar und dort praktizierbar sind. (Die *Druckwerkstatt*, die in Freinet-Schulen einen besonderen Stellenwert als Kommunikationsinstrument besitzt, ist in ihrer reinen Ausprägung im Kindergarten sicherlich fehl am Platz, da sie das Beherrschen der Schriftsprache voraussetzt.) Darüber hinaus ist auch davor zu warnen, einzelne Elemente als Sammelsurium von „interessanten Methoden“ in das pädagogische Handlungskonzept von Kindertageseinrichtungen zu implementieren, wenn der Grundgedanke Freinets, seine Sichtweise des Kindes und seine pädagogische Haltung nicht verinnerlicht, nicht verstanden sind und nicht im sonstigen Alltag gelebt werden. So lässt sich z. B. die Einführung der so genannten „Kinderparlamente“ als Trend in den pädagogischen Programmen vieler Kindertageseinrichtungen beobachten. Das ist grundsätzlich auch keineswegs zu verwerfen. Entscheidend ist jedoch schlussendlich, dass die pädagogische Haltung, die das Kind als verantwortungsfähiges und kompetentes Wesen betrachtet, integriert und auch ansonsten in der Einrichtung gelebt wird. – Doch das gilt für andere pädagogische Konzepte ebenso.

Die Haltung Freinets fordert der Erzieherin ein ständiges Sich-Zurücknehmen ab. Das entspricht zum einen bislang nicht unbedingt dem Selbstverständnis vieler Erzieherinnen in ihrer Arbeit. Zum anderen ist es in der pädagogischen Praxis immer wieder neu eine Herausforderung, die Schwelle oder auch die Grenze zwischen Sich-Zurücknehmen, Begleiten und Hilfestellung-Geben auszumachen. Das rechte Maß an Hilfe und Unterstützung erfordert ein äußert sensibles Hantieren.

Ein Punkt, der in der Umsetzung der Freinet-Pädagogik meist missverstanden wird, liegt darin, dass das Sich-Zurücknehmen des Erwachsenen nicht etwa bedeutet, das Kind vollkommen und ganz sich selbst zu überlassen. Damit ist keineswegs eine Laissez-faire-Haltung dem Kind gegenüber gemeint, sondern vielmehr eine aufmerksame Wahrnehmung und Beobachtung des Kindes, die sehr genau erfasst, wo es Hilfestellungen und auch Lernimpulse benötigt. Dieses kann sich z. B. durch Nachfragen vonseiten der Erzieherin, durch Anregung mit eigenen Gedankenimpulsen sowie durch das Material, das angeboten und zur Verfügung gestellt wird, zeigen. Hinsichtlich dieser beobachtenden Haltung wie auch der neuesten Forschungserkenntnisse, die die Bedeutung selbsttätigen Lernens würdigen, ist die Freinet-Pädagogik m. E. aktueller denn je. Das gilt auch hinsichtlich der Forderung aller Bildungs- und Orientierungspläne nach individueller Förderung unter Berücksichtigung der persönlichen Ressourcen des einzelnen Kindes.

Die Reggio-Pädagogik

Die Anfänge der Reggio-Pädagogik gehen zurück auf die Zeit nach dem zweiten Weltkrieg. In einem Dorf namens Villa Cella bei der Stadt Reggio Emilia (in Norditalien) entstand 1945 der erste „Volkskindergarten". Alle an der Erziehung Beteiligten fragten sich in jener Zeit, nach den unmittelbaren Erfahrungen des Faschismus, wie sie ihre Kinder erziehen wollten. Den bisherigen Formen vorschulischer Erziehung sollten demokratische und soziale Strukturen entgegengesetzt werden. Selbst die kirchlichen Inhalte vorschulischer Erziehung sollten durch neue Konzepte verändert werden.

Kindererziehung wird in Reggio als ein Aspekt umfassender gesellschaftlicher Prozesse beschrieben, die Demokratie, soziale Gerechtigkeit und Solidarität als Zielsetzung haben. Reggio-Kinderkrippen sind eingebunden in die jeweilige politische und kulturelle Umgebung. Entsprechend werden die Einrichtungen von einem Leitungskollektiv geleitet, welches sich aus Erzieherinnen, Eltern und Bürgern der Gemeinde oder Stadt zusammensetzt. Alle Personen, die in irgendeiner Form für die Erziehung der Kinder relevant sind, sind an konzeptionellen Diskussionen der Einrichtungen sowie an der Planung und Realisierung deren alltäglicher Arbeit und Projekte beteiligt. Im Zusammenhang mit der Reggio-Pädagogik muss der Name *Loris Malaguzzi* genannt werden. Denn dieser hatte einen wesentlichen Anteil an der theoretischen Fundierung und weltweiten Verbreitung dieser Pädagogik. Mit der Montessori-Pädagogik ist sie die zweite in Italien entwickelte pädagogische Ausrichtung, die international Einfluss gewonnen hat.

Die Kindereinrichtungen in Reggio stehen in ständiger Interaktion mit ihrem soziokulturellen Umfeld. Dadurch werden gesellschaftliche Veränderungen „wahrgenommen und müssen zum Anlass für neue Wege in der Erziehung genommen werden“ (Dreier 1993, S. 56f). Die Reggio-Pädagogen beschreiben ihre Arbeit deswegen auch als eine „Pädagogik des Werdens“. Kindergärten werden nicht als Schutzzonen, Ausstellungshallen oder Lernfabriken gesehen, sondern als „Kommunikations- und Erfahrungsstätten, die alle Beteiligten sowie ihren Alltag einbeziehen und sich darauf ausrichten, Eindrücke und ihre Wertungen im dialogischen Lernprozess vielfältig auszudrücken und zu gestalten“ (Kazemi-Veisari 2004, S. 37f).

Die Kindertageseinrichtungen von Reggio Emilia sind insbesondere für ihre räumliche Gestaltung bekannt. Überall sind sinnesanregende und wahrnehmungsfördernde Elemente zu finden wie Spiegelwände und -kacheln in unterschiedlichsten Ausprägungen oder auch Spiel- und Arbeitsmaterial unterschiedlichster Beschaffenheit und Couleur, die in Ateliers bereit stehen und dort verarbeitet werden können. Auch das Malen der Kinder an Staffeleien ist dort gängige Praxis. Neben dem pädagogischen Personal wirken in den Einrichtungen Kunst- oder Theaterpädagogen mit. Aus dem reggianischen Ansatz wurden in deutschen Einrichtungen bislang Elemente der Raumgestaltung, der Materialausstattung und die Arbeitsform in Projekten beachtet und nachgeahmt. Doch stellt das eher einen verkürzten Blick auf das Wesen und die Grundlagen der Reggio-Pädagogik dar.

Das Bild vom Kind

Dem Bild vom Kind liegt eine sehr individuelle, optimistische und positive Sichtweise zu Grunde. Die Reggianer gehen davon aus, das jedes Kind eine hohe Anzahl von Möglichkeiten hat, die in der Regel nicht ausgeschöpft werden. Das Kind kann sich auf vielfältige Art und Weise ausdrücken und artikulieren. Kinder sind aktive Konstrukteure ihres Wissens. Sie erstellen aus dem, was sie hören und sehen, was für sie erfahrbar ist, eine individuelle Wissensstruktur. Voraussetzung dafür ist die kindliche *Neugier*. Kinder sind Forscher und Entdecker und versuchen die Welt um sich herum zu verstehen. Sie sind von Geburt an auf menschliche Kontakte ausgerichtet und auf Beziehungen angewiesen. Kinder haben auch eigene Zeiten. Sie geben sich den Dingen hin, ohne an Zeit zu denken. Kinder möchten ihr eigenes Potenzial ständig ausbauen und zur Geltung bringen und damit ihre Fähigkeiten erweitern.

Kinder haben vor allem Rechte: z. B. das Recht, gehört zu werden, das Recht, sich nach eigenen Möglichkeiten zu artikulieren, das Recht, eigene Hypothesen zu bilden und eigenen Lernwegen nachzugehen. Sie haben das Recht, Fragen zu stellen und angemessene Antworten zu bekommen. Ebenso haben sie das Recht, mit Fragestellungen in ihrem individuellen Lern- und Entwicklungsprozess gefördert zu werden. Mit dieser ganz bewussten Achtung der Rechte der Kinder kommt auch hier ganz deutlich die Kindzentrierung zum Tragen.

Aufgabe des Erwachsenen

Hält man sich die demokratischen Grundprinzipien der Reggio-Pädagogik vor Augen, ist es umso stimmiger von den Aufgaben der Erwachsenen als nurmehr von den Aufgaben der Erzieherinnen zu sprechen. Für den Erziehungs- und Entwicklungsprozess der Kinder sind schließlich alle mitverantwortlich, die mit ihm in irgendeiner Form zu tun haben.

Maßgeblich ist zunächst die dialogische Haltung dem Kind gegenüber. Der Erwachsene hat sich als ein Part im Rahmen der kindlichen Entwicklung zu betrachten. Ebenso wie das Kind hat er Fragen zu Dingen und Sachverhalten. Er ist nicht allwissend, sondern ebenso neugierig und erkundend. Seine Einsichten und Antworten sieht er als seine individuellen, und damit nur als potenzielle Varianten an. Gemeinsam mit dem Kind nähert er sich umkreisend und erforschend anstehenden Problemen und Aufgaben. Er hat das kindliche „Selbst-Finden", „Selbst-Erfahren" und „Selbst-Tun" zu ermöglichen und zu unterstützen. Dabei geht er von den Potenzialen des Kindes aus. Er begibt sich mit dem Kind gemeinsam auf einen Weg des „Staunen-Lernens" und „Offen-Seins" für Fragen und Lösungswege. Er unterstützt das Kind darin Hypothesen zu bilden und seine Lösungswege in die Realität umzusetzen.

Der Erwachsene benötigt demnach selbst eine hohe Fähigkeit, Fragen zu stellen und das Kind mit seinen derzeitigen Fragestellungen und Entwicklungsständen wahrzunehmen, zu achten und zu fördern.

In diesem Kontext ist allerdings nicht direkt von Kindzentrierung zu sprechen. Vielmehr ist eine Kindorientierung, die sich in einer partnerschaftlichen, achtsamen, wertschätzenden und zugleich dialogischen Haltung dem Kind gegenüber zeigt, gemeint.

Stellungnahme

Alleine die hier getätigte Überschrift „Stellungnahme“ zeigt Ihnen, dass an der Stelle aus meiner Perspektive keine Kritik zu üben ist.

Die Reggio-Pädagogik greift heutige Erkenntnisse aus der Erforschung frühkindlichen Lernens auf. Wir finden in ihr unser heutiges Wissen darüber wieder, dass das Kind in den ersten Entwicklungsjahren überwiegend über seine Wahrnehmungsfunktionen – auf den unterschiedlichsten Ebenen – lernt. Auf Grund dessen – wie auch hinsichtlich der Erkenntnisse aus der Sozialpsychologie – ist die Reggio-Pädagogik m. E. diejenige, die in der heutigen Gesellschaft am besten die Grundlage für eine gesunde Entwicklung schaffen kann. Sie bietet optimalste Voraussetzungen für Lernen und schließlich auch für lebenslanges Lernen.

Wenn wir in diesem Kontext immer wieder Stimmen hören, „Deutschland ist nicht Italien“, entspringen diese doch wohl vielmehr Zweifeln – Zweifeln daran, dass dieses pädagogische Gesamtwerk umzusetzen ist. In der Umsetzung eines solchen pädagogischen Handlungskonzeptes stößt man sicherlich immer wieder an Grenzen, die es zu überwinden gilt. Diese sind auch überwindbar, so lange es gelingt, das Anliegen und die Grundhaltung dieses pädagogischen Ansatzes zu vermitteln. Sein dialogisches Prinzip, seine pädagogische Philosophie kann, sofern sie gewürdigt wird, wichtige Impulse setzen für eine Gesellschaft der Zukunft. Eine Gesellschaft, in der nicht nur Kinder einen Platz haben, sondern Entwicklung und Leben in der Gesellschaft als eine gemeinschaftliche Aufgabe verstanden werden.

Der Ruf nach Demokratie, sozialer Gerechtigkeit und Solidarität, wie sie die Grundsteine der Reggio-Pädagogik darstellen, ist schließlich lauter denn je – auch und vielleicht gerade in Deutschland.

1.2 Das Kind in den aktuellen Bildungsplänen

Die Pädagogik in den deutschen Kindertageseinrichtungen, wie wir sie heute vorfinden, ist zum einen natürlich geprägt von unseren geschichtlichen Bezügen und zum anderen auch von unterschiedlichen pädagogischen Handlungsansätzen. Insbesondere nimmt die aktuelle Diskussion um den Bildungsauftrag von Kindertageseinrichtungen darauf Einfluss. Die Bundesländer arbeiten alle recht zügig an der Umsetzung des Bildungsauftrags im vorschulischen Bereich. Viele Länder haben ihre Pläne oder Entwürfe bereits vorgelegt, einige wenige arbeiten noch an deren Entwicklung. Dabei stellen für alle die Inhalte der Kinder- und Jugendministerkonferenz (KMK) einen Orientierungsrahmen dar.

Im Folgenden soll zunächst dargelegt werden, welche Inhalte die Bildungs- und Orientierungspläne haben. Aussagen über das Bildungs- und Entwicklungsverständnis stehen damit natürlich in unmittelbarem Zusammenhang. Zum anderen soll dargelegt werden, wie das Bild vom Kind in den vorliegenden Plänen beschrieben und interpretiert wird.

Die Inhalte der Bildungs- und Orientierungspläne

Allen bisherigen Vorlagen ist grundsätzlich ein starker Fokus auf die verschiedenen Bildungsbereiche wie auch auf die mancherorts genannten „Querschnittsthemen“ gemeinsam. Die Inhalte der Pläne sind im Folgenden (Abb. 1) dargestellt.

Abb. 1: Inhalte der Bildungs- und Orientierungspläne

Als weitgehend übereinstimmende Bildungsbereiche sind dabei zu nennen:

- Sprache
- Mathematik
- Naturwissenschaften
- Technik
- Ästhetischer Bereich
- Bildnerischer und darstellender Bereich
- Kultur
- Gesundheit
- Bewegung

Unterschiede sind dagegen in folgenden Bereichen verankert (nach Eichhorn 2005, S. 20ff):

- Religion
- Ethik
- Philosophie
- Werteerziehung
- Medien
- Umwelt
- Soziale und emotionale Beziehungen

Als Querschnittsthemen werden wiederum genannt:

- Resilienz
- Lernmethodische Kompetenz
- Gestaltung des Übergangs Kindergarten-Grundschule

Weiterhin findet das Thema „*Erziehungspartnerschaft*“ in allen Vorlagen seine Geltung.

Im Vergleich der Bildungs- und Orientierungspläne sowie deren Entwürfe werden neben den Bildungsbereichen verschiedene weitere Faktoren ins Visier genommen. Dazu zählen zunächst einmal Aussagen hinsichtlich des Entwicklungsalters der Zielgruppe in den Bildungsplänen. Das Entwicklungsalter der Kinder, mit denen vor Ort gearbeitet werden soll, spielt schlussendlich eine wichtige Rolle in der pädagogischen Arbeit und somit auch für den Bildungsauftrag. Dabei reicht das Alter der Zielgruppen von 0 bis 12 Jahren. Es werden Aussagen über die

Rolle der Erzieherin getroffen und Forderungen nach Weiterqualifizierung des pädagogischen Personals gestellt. In allen Vorlagen wird insbesondere die Verbesserung von Qualitätsstandards in den Kindertageseinrichtungen als Ziel formuliert.

An der Stelle sollte erwähnt werden: Die Entstehungswege der Bildungspläne und die laufenden Diskurse sind in den einzelnen Bundesländern so unterschiedlich wie auch die dortigen gesellschaftlichen Prozesse. Letztere nehmen natürlich Einfluss auf die Inhalte, was sich insbesondere an den Inhalten zeigt, in denen sich die einzelnen Länder unterscheiden.

In einigen neuen Bundesländern wird z. B. sehr deutlich, wie sich der Blick auf das Kind, die Haltung ihm gegenüber und die Definition der pädagogischen Aufgabe verändert hat. In ihrer gesellschaftspolitischen Entwicklung und Historie galt „Bildung" als staatliche Aufgabe, die „bedeutete, dem Kind ein hohes Wissen in straff organisierten Beschäftigungen zu vermitteln, für das Kind zu planen und den Tagesablauf zu organisieren und ihm Regeln und Normen des Zusammenlebens vorzugeben" (Eichhorn/Gühl 2005, S. 34). Die Erarbeitung des aktuellen Bildungsauftrages von Kindertageseinrichtungen brachte allerdings Veränderungen von Einstellungen und Haltungen hervor, durch die Bildung heute als „Selbstbildung" des Kindes betrachtet wird und „Erziehung" als Wechselwirkung und -beziehung zwischen Erwachsenem und Kind gesehen wird.

Um ein positives Beispiel zu nennen, soll der Sächsische Bildungsplan erwähnt werden, dessen Entwurf die Entwicklungsphase von der Geburt bis zum Schuleintritt umfasst. Das Kind wird dort als „Individuum im Mittelpunkt aller Betrachtungen" benannt. Den Erwachsenen (und hier werden Eltern und Erzieherinnen genannt) kommen dabei besondere Aufgaben zu, da durch die Bezüge zu Erwachsenen nicht nur die Entwicklung der Lernfähigkeit, sondern auch die soziale Integration entscheidend mitgestaltet werden. Es wird gefordert, dass Erwachsene den Kindern insbesondere emotionale Zuwendung, gleichberechtigten Umgang und soziale Wertschätzung entgegenbringen sollen. Auch wird ernsthaft über die Veränderung des Personalschlüssels nachgedacht, um die vielfältigen und tief greifenden Aufgaben von Erzieherinnen in den Tageseinrichtungen umsetzbar zu machen (man denke insbesondere an die Aufgaben der Beobachtung und Dokumentation von Lernprozessen). – Leider stellt der sächsische Bildungsplan mit solch klaren Aussagen für das Kind und für die Beziehungsgestaltung zwischen Kind und Erwachsenem eher eine Ausnahme in der breiten Palette der Vorlagen aus den Ländern dar.

Entwicklungs- und Lernprozesse

Was Fthenakis in der Bayerischen Programmatik formuliert, findet sich fast durchgängig in den anderen Plänen wieder. Er formuliert darin folgende (postmodernen) Auffassungen vom Kind und seinen Lernprozessen (Abb. 2):

Abb. 2: Das Kind und seine Lernprozesse (nach Fthenakis 2003)

1. Das Kind ist ein aktives und kompetentes Wesen, das seine eigene Entwicklung mitgestaltet und aktiv mitkonstruiert.
2. Bildung ist ein sozialer, ko-konstruktiver Prozess.
3. Der Lernprozess wahrt die kindliche Autonomie.
4. Er berücksichtigt soziale und kulturelle Differenzen.

Das weist darauf hin, dass dem Kind die Möglichkeit und Kompetenz zugestanden werden muss, seine eigenen Lern- und Entwicklungsprozesse mitzugestalten. Das Kind ist aktiv an seinem eigenen Bildungs- und Entwicklungsprozess beteiligt. Das bedeutet ebenso, dass individuelle und entwicklungsangemessene Kompetenzen des Kindes für diese Prozesse berücksichtigt werden müssen. Im Umkehrschluss dazu heißt das aber auch: Für das kindliche Lernen ist von besonderer Bedeutung, dass es jeweils um Themen geht, die das Kind nicht nur interessieren, sondern mit denen es sich auch ernsthaft beschäftigt. Das wiederum erfordert eine besondere Aufmerksamkeit für die Fragen und Themen der Kinder.

Der Aspekt des *aktiven und kompetenten Kindes*, das seine Entwicklung mitgestaltet und mitkonstruiert, beinhaltet ebenso, dass Kinder von Geburt an neugierig und demzufolge „Entdecker einer sinnlich wahrnehmbaren Welt“ sind (Schäfer 2002). Kinder sind dabei nicht schon von Anfang an Naturwissenschaftler. (Vielleicht werden sie manchmal als solche konstruiert.)

Mit dem zweiten Aspekt, *Bildung als sozialer, ko-konstruktiver Prozess*, wird deutlich, dass Kinder sowohl in der Interaktion mit ihrer materiellen Umgebung wie auch innerhalb sozialer Interaktionen lernen. – Der vor allem im Zusammenhang mit der letzten These immer wieder auftretende Begriff der *Ko-Konstruktion* soll an späterer Stelle nochmals tiefer gehend erläutert werden.

Der dritte Aspekt, die *Wahrung der kindlichen Autonomie*, berücksichtigt die kindliche Perspektive im Bildungs- und Entwicklungsprozess. Das beinhaltet, dass dem Kind die Autonomie für seine eigenen Gedankengänge und zuletzt auch für eigene Lösungswege zugestanden werden muss. Nur so kann es eigenständige und für es selbst machbare Wege entwickeln. Ebenso wird durch den Aspekt der Autonomie ein klarer Bezug zu den Rechten der Kinder hergestellt, die letzten Endes durch die UN-Konvention über die Rechte des Kindes gefordert werden.

Der letzte Aspekt schließlich, die *Berücksichtigung sozialer und kultureller Differenzen*, spricht u. a. darauf an, dass das Kind immer unter seinen individuellen Bedingungen und Möglichkeiten lernt. Es liegen jeweils individuelle Voraussetzungen für Lernen vor und demzufolge muss das Kind eigene Lernwege gehen, die sich immer oder zumindest häufig von denen anderer unterscheiden. Auch Erkenntnisse aus der Hirnforschung betonen die individuelle Ausprägung von Denk- und Lernstrukturen. Kinder brauchen aber auch die Chance und den Freiraum,

„anders über diese oder andere Fragen nachzudenken, die vielleicht ihren sozialen und kulturellen Hintergründen mehr entsprechen“ (Schäfer 2002). – Auf dem Hintergrund zunehmender kultureller Vielfalt in unserer/n Gesellschaft/en aber auch von zunehmender Armut und Ausgrenzung ist dieser Aspekt sicherlich nochmals besonders ins Auge zu fassen.

Hier wird sehr deutlich: Die unterschiedlichen Voraussetzungen von Menschen – behinderte Menschen, sozial benachteiligte Menschen wie auch Menschen unterschiedlicher ethnischer und kultureller Herkunft – sind nicht nur in den Kindertageseinrichtungen, sondern in der gesamten Gesellschaft wahrzunehmen. Sie sollten künftig jedoch vielmehr als Bereicherung für die pädagogische Arbeit betrachtet werden und darin ihre Berücksichtigung finden und nicht wie bislang als ein Defizit, eine Schwäche, die es anzupassen und auszugleichen gilt.

Das Bild vom Kind

Hinsichtlich des Bildes vom Kind ist in den jeweiligen Bildungs- und Orientierungsplänen sehr häufig die Rede von einem „neuem Bild vom Kind“. Im Bayerischen Bildungs- und Erziehungsplan spricht man sogar von einem „postmodernen Bild vom Kind“, das in einer „postmodernen Gesellschaft“ heranwächst. In diesem Zusammenhang muss zunächst geklärt werden, was „postmoderne Gesellschaft“ meint: Betrachten wir unsere heutigen Lebenswelten und -bedingungen, sind diese gekennzeichnet von Diskontinuität, Ungewissheit, Komplexität, Vielfalt und Multiperspektivität, Verlust und schnellen Veränderungen. In dieser schnelllebigen und pluralistischen Gesellschaft, in der nur wenig prognostizierbar ist, bedarf es neuer Kompetenzen und demzufolge auch neuer Formen des Lernens (und zwar für Kinder und Erwachsene), die über den gewohnten Weg der Wissensvermittlung hinausgehen. Es geht um Lernen, bei dem sich der Mensch, im Besonderen das Kind, immer wieder neu an veränderte Lebenssituationen anpassen kann bzw. seinen Platz und seine Identität darin (wieder) finden kann und muss. Im Rahmen ständiger Veränderungen braucht es Kompetenzen, um immer wieder neu bisherige Wissensstände zu verwerfen und neue zu konstruieren und zu integrieren.

Das Kind wird, wie oben bereits dargestellt, als aktives und kompetentes Wesen betrachtet, das seine eigene Entwicklung mitgestaltet und aktiv mitkonstruiert. Außerdem ist die kindliche Autonomie in jedem Lernprozess zu wahren. Die Berücksichtigung sozialer und kultureller Differenzen spricht in diesem Zusammenhang für die Achtung der kindlichen Individualität. Auch hier lässt sich eine kindzentrierte Perspektive wiederfinden.

Die Aufgabe des Erwachsenen

Als Aufgabe der Erzieherin wird in allen Bildungs- und Orientierungsplänen eindeutig die Förderung der kindlichen Basis- und Schlüsselkompetenzen gefordert. In einigen Vorlagen werden dabei sogar jeweils exemplarisch konkrete Verhaltensweisen aufgeführt, mit denen Erzieherinnen ganz bestimmte Kompetenzen des Kindes unterstützen können. Der Erwachsene hat außerdem den äußeren Rahmen für Bildungsprozesse zu gestalten. Dieser zeigt sich in der Gestaltung der räumlichen Umgebung sowie durch das Angebot von anregendem Spiel- und Arbeitsmaterial. Es sollen Freiräume für Experimentieren und Forschen geschaffen werden. Der Erwachsene hat in den kindlichen Forscher-Prozessen die Aufgabe, diese zu begleiten, durch Fragen anzuleiten und zu unterstützen. Durch die von ihm angeleiteten Prozesse der *Metakognition* oder auch *Metareflexion* soll das Kind darüber nachdenken und verstehen, wie es gelernt hat. Das heißt, nach einzelnen Lernschritten folgt für das Kind oder die Lerngemeinschaft jeweils ein Prozess der Erkundung, was warum wie gelernt wurde. Das Kind soll darin vom Erwachsenen durch Fragen geleitet werden.

Als weitere Aufgabe der Erzieherin wird das Beobachten und Dokumentieren von Lernprozessen genannt. Auf Grund von Beobachtungen sollen die Lern- und Entwicklungsthemen der Kinder analysiert werden. Daraus sollen schließlich Handlungsansätze zur weiteren Förderung des Kindes in seinen jeweiligen Entwicklungsschritten abgeleitet werden und als individuelle Förderpläne mit den Erziehungspartnern, den Eltern, besprochen und abgeglichen werden. Die Einbindung der Eltern in einen gemeinsamen Bildungs- und Erziehungsprozess zur Unterstützung kindlicher Entwicklung wird damit klar vorgegeben.

Kritische Stellungnahme

Betrachtet man das gesamte Spektrum an Bildungs- und Orientierungsplänen, lässt sich leider eines feststellen: Eine deutliche Beschreibung des Menschenbildes, auf dem der jeweilige Bildungsplan oder -entwurf beruht, wird nahezu überall eher am Rande behandelt bzw. nicht angemessen dargelegt und interpretiert. Insgesamt gesehen findet sich ein eindeutiger Schwerpunkt auf den Darstellungen der zu fördernden Bildungsbereiche.

Die Darstellung unterschiedlicher Basis- und Schlüsselkompetenzen scheinen in allen Vorlagen Vorrang zu haben. Wenn dann wie z. B. im Bayerischen Bildungs- und Erziehungsplan konkrete Verhaltensweisen aufgeführt werden, mit denen Erzieherinnen gewisse Kompetenzen des Kindes unterstützen können, erweckt das sogar den Eindruck, als könne die Erzieherin Bildung „machen". Dieser Eindruck ist ein gefährlicher. Insbesondere widerspricht er der ebenso formulierten Theorie, das Kind gestalte seine Entwicklung und konstruiere seine Bildung mit. Wo ist bei einem „Machen" von Bildung durch die Erzieherin das Vertrauen in kindliche Kompetenzen, von denen im selben Kontext gesprochen wird, wiederzufinden? Es lässt nahezu den kindlichen Forschungs- und Erkundungsdrang anzweifeln. Schäfer kritisiert den pädagogischen Ansatz, wie er im Bayerischen Bildungs- und Erziehungsplan dargestellt wird, deshalb auch eher als „Instruktionsansatz“ statt als „Bildungsansatz“, wie wiederum er ihn vertritt. Einem „Bildungsansatz“ (nach Schäfer) sollte jedoch eine ganz konkrete Auseinandersetzung mit dem Bild vom Kind und seinen Entwicklungs- und Lernprozessen vorausgehen, die auch gesellschaftliche Gegebenheiten, in denen Kinder heranwachsen, berücksichtigt.

Insbesondere ist eine unzulängliche Ausführung der Bedeutung von Beziehung im Bildungsprozess des Kindes zu bemängeln. Die Beteiligung emotionaler und sozialer Kompetenzen wäre viel stärker in den Blick zu nehmen. Doch leider fehlt eine solche adäquate Auseinandersetzung in den meisten Plänen.

Mit dem Begriff der *Metareflexion* wird in der Regel ein Prozess des *Lernen Lernens* in Zusammenhang gebracht. „Metakognition meint das Nachdenken über das eigene Denken, ein Nachdenken darüber, wie man denkt“ (Schäfer 2003, S. 7). Dem liegt ein einfacher Gedanke zu Grunde, nämlich der, dass man etwas besser und genauer versteht, wenn man darüber gesprochen hat. Das Lernen des Lernens ist davon allerdings abzugrenzen. Denn: Kinder sind von Geburt an „erstaunliche Lerner. Das ist ein Grundtenor gleichermaßen der Säuglings- und neurobiologischen Kognitionsforschung“ (ebenda). Zusammenfassend lässt sich daher sagen, dass durch die Metakognition oder -reflexion nicht das Lernen gelernt wird, sondern allenfalls verbessert.

Wenn vorhergehend das „neue“ (und „postmoderne“) Bild vom Kind erörtert wurde, wie es ja in vielen Bildungs- und Orientierungsplänen benannt wird, lässt sich dieses nun wie folgt zusammenfassen: Das Kind wird als aktives und kompetentes Wesen beschrieben, das seine eigene Entwicklung mitgestaltet und aktiv mitkonstruiert. Demzufolge versteht sich Bildung in der heutigen, einer postmodernen Gesellschaft als ein sozialer, ko-konstruktiver Prozess, der die kindliche Autonomie zu wahren hat. Die Unterstützung dieses Bildungsprozesses hat außerdem soziale und kulturelle Differenzen zu berücksichtigen.

Wenn wir nun die anfangs getätigten Darstellungen früherer entwicklungspsychologischer Theorien und reformpädagogischer Handlungsansätze nochmals ins Bewusstsein rücken: Ist dieses scheinbar „neue“ Bild vom Kind dann wirklich neu? Ist es nicht bereits – wie zuvor dargestellt – in vielen früheren reformpädagogischen wie auch entwicklungspsychologischen Konzepten zu finden, die allerdings viel eindeutiger die Beziehungsgestaltung zwischen Erziehendem und Kind beschreiben und fordern?

Das „Neue“ ist demnach möglicherweise und bestenfalls etwas „Alt-Bekanntes“, das durch neueste Erkenntnisse in unterschiedlichsten Forschungszweigen erneut bestätigt wird.

2 Bildung und Lernen braucht Beziehungen – für eine positive Entwicklung

Bildung ist grundsätzlich als allgemeines Ziel von Erziehung zu definieren. Durch Bildung soll ein Persönlichkeitszustand erreicht werden, der den Einzelnen befähigt, sein Handeln auf Einsicht und Sachkompetenz zu gründen und kritisch prüfend unter dem Prinzip der Selbstbestimmung zu verantworten. Als Bildung muss der Entfaltungsvorgang eines Individuums gesehen werden, die Entwicklung seiner Persönlichkeit. Bildung ist dabei immer auf den Einzelnen bezogen, findet aber in sozialen Bezügen statt.

Auf Grund der Erfahrungen und Erkenntnisse aus den unterschiedlichsten Forschungsgebieten und unter Berücksichtigung heutiger gesellschaftlicher Bedingungen muss in der aktuellen Pädagogik von einem klar definierten *Bildungsansatz* ausgegangen werden.

Dieser muss Bildung als einen Prozess verstehen, der sich von Geburt an vollzieht. Als Ausgangspunkt sollte er die Alltagserfahrungen von Kindern ansehen, von dem aus sie ihre Welt entdecken und erforschen. Nach Schäfer lassen sich dabei *Bildungsprozesse aus erster Hand* wie auch *aus zweiter Hand* unterscheiden. Bildungsprozesse aus erster Hand sind dabei die Voraussetzung dafür, dass Kinder sinnvoll aus zweiter Hand lernen können. Bildungsprozesse finden ein Leben lang statt. Innerhalb dieser Prozesse vollzieht sich zunächst eine basale (Aus-)Bildung kindlicher Wahrnehmungs- und Empfindungsfähigkeit. An diese schließt sich die Differenzierung der Vorstellungs-, Verarbeitungs- und Denkprozesse an. Demzufolge umfasst eine Anregung, Unterstützung und Entfaltung (früh-)

kindlicher Bildungsprozesse Lernen aus erster und zweiter Hand gleichermaßen.

Wenn nun hier von *Bildung* und *Entwicklung* die Rede sein wird, soll zunächst eine Vorverständigung darüber erfolgen, was man darunter verstehen könnte und auch darüber, wie sich Bildung vom normalen *Lernen* unterscheidet.

Im kindlichen Entwicklungsprozess sind verschiedene Entwicklungsbereiche zu unterscheiden: der kognitive, der motorische, der emotionale, der soziale und der seelisch-moralische. Entwicklung ist dabei als Prozess zu betrachten, der neben der körperlichen Reifung Bildungsprozesse auf unterschiedlichen Ebenen beinhaltet. Wenn man Bildung wiederum als einen Prozess versteht, innerhalb dessen sich das Kind die Welt aneignet und es ihm ermöglicht wird, das Leben zu bewältigen, schließt das den Selbstbildungsaspekt mit ein. Lernen ist dann schlussendlich der Prozess, bei dem sich das bisher erworbene Bild des Kindes von sich selbst und der Welt verändert und differenziert.

Im Folgenden möchte ich gerne Gerd Schäfers Haltung und sein Bildungsverständnis aufgreifen: das Verständnis einer *Bildung von Geburt an*, das Postulat *Ganzheitlichen Lernens* sowie die *Sinnesbildung* – und im Zusammenhang damit die Bedeutung von *Ästhetischem Lernen.*

> „*Bildung ist das Ergebnis der Geschichte unseres Austausches mit der gegebenen sozialen und materiellen Umwelt. Sie beginnt mit der Geburt und endet mit dem Tod.* (Anmerkung der Autorin: *Bildung von Geburt an, Lebenslanges Lernen*) *Genau so wenig wie wir aus unserer Geschichte aussteigen können, können wir aus Bildung aussteigen. Es gibt also keinen Bildungsprozess, der nicht sozial eingebettet wäre. Auch der Selbstbildungsbegriff beschreibt Bildung nicht als eine einsame, individuelle Tätigkeit. Er steht für die inneren Prozesse, die ein Individuum selbst leisten muss, um das, was die soziale Welt*

ihm anbietet, so für sich zu verarbeiten, dass es zu einem Teil seiner Bildung wird. Deshalb gehören zum Bildungsprozess alle Wahrnehmungs-, Erlebnis-, Erfahrungs-, Handlungs-, Denk- und Wissensbereiche, die ein Mensch im Umgang mit innerer und äußerer Wirklichkeit tatsächlich nutzt (Anmerkung der Autorin: *Sinnesbildung, Ganzheitliches Lernen*) … *Bildung ergibt sich aus einer besonders vertieften Lernerfahrung. Bildung ist daher mehr als Lernen, erfordert eine besondere Qualität des Lernens, eine Qualität, die es möglich macht, dass dieses Wissen und Können zum Werkzeug für die weitere Lebenserfahrung wird.*" (Schäfer 2002, S. 8f)

In der nun folgenden Darstellung soll der soziale und emotionale Aspekt von Bildung näher beleuchtet werden. Es geht also um die Dimension von Bildungsprozessen in Beziehungen.

Da uns im Kontext von *Lernen in sozialen Bezügen* immer wieder der Begriff der Ko-Konstruktion begegnet, soll dieser Aspekt an erster Stelle näher betrachtet werden. Daran schließt sich die Beleuchtung der Dimension *Bildung in Beziehungen* auf dem Hintergrund unterschiedlicher wissenschaftlicher Ansätze an. Dabei werden Aspekte aus der Entwicklungspsychologie, der Kognitionsforschung, darunter Erkenntnisse der Säuglingsforschung sowie der Neurobiologie, aufgeführt.

2.1 Ko-Konstruktion – (nur) eine pädagogische Absicht?

Unser Bildungsansatz ist, in Übereinstimmung mit internationalen Entwicklungen, im Kern ein *sozialkonstruktivistischer*. Der Sozialkonstruktivismus betrachtet das Kind als von Geburt an in soziale Beziehungen eingebettet. Lernen und Wissenskonstruktion werden als Prozess von *Interaktion* und *Ko-Konstruktion* aufgefasst.

Laewen formuliert in „Künstler, Forscher, Konstrukteure“ folgendermaßen: „Bildung ist nur als kooperatives Projekt zwischen Erwachsenem und Kind möglich.“ (Laewen 2002, S. 47).

Ein klassisches Beispiel für die Ko-Konstruktion findet sich in den Beobachtungsstudien des Entwicklungspsychologen Jerome Bruner (1987). Er hat aufgezeigt, wie Kleinkinder in der Sprachentwicklungsphase in der Interaktion mit der Mutter lernen, Bilderbücher zu betrachten. Ohne den Kontext von Interaktion und Ko-Konstruktion, in dem die Mutter auf die Äußerungen des Kindes eingeht und die Bilder verbalisiert, wären diese für das Kleinkind bedeutungslos.

Der heutige Bildungsansatz stellt die Interaktionsprozesse zwischen Kind und Erwachsenem von Geburt an in den Mittelpunkt. Zentral muss es deshalb darum gehen, pädagogische Leitlinien zu finden, die den Interaktionsprozess so gestalten, dass Entwicklung sich überhaupt vollziehen kann. Entwicklung ist nicht etwas, das im Kind von alleine voranschreitet, sondern ein Prozess, der nicht von der sozialen Lebenswelt des Kindes getrennt werden kann. Bildung muss daher notwendigerweise entwicklungs- und kompetenzfördernde Interaktionen enthalten. Diese sind gezielt zu gestalten. Es reicht nicht aus, in Bildungskonzepten für die Kinder von heute alleine auf selbst bildende Potenziale zu bauen. Die Forschung hat gezeigt, dass der Kontext für die Entwicklung des Kindes und für das kindliche Lernen von zentraler Bedeutung ist.

Die Aufgabe des Erwachsenen ist es, die Eigenart des Kindes und seine Entwicklung – und damit die Dimension seiner Selbstbildung – wahrzunehmen und zu beobachten. Er muss davon ausgehend Aktivitäten und Lernarrangements gestalten, die auf Bildungs- und Entwicklungsförderung zielen.

Erläuterung und kritische Auseinandersetzung mit dem Begriff der „Ko-Konstruktion"

Der soziale Rahmen und damit die Beziehung zum Erwachsenen ermöglicht dem Kind, sich selbst, seine Moralvorstellungen und sein Wissen zu konstruieren. Darüber hinaus benötigt es konkrete soziale Interaktionen, um sein Wissen, das es in seinem sozialen Rahmen konstruiert hat, mit anderen zu teilen und sich mit ihnen darüber zu verständigen. Nur dadurch kann der Mensch sein Wissen überhaupt zur Anwendung bringen. In dem Moment, wo Wissen mit anderen geteilt wird, spricht man von Ko-Konstruktion von Wissen. In diesem Vorgang vollzieht sich eine gemeinsame Verständigung hinsichtlich der Bedeutung einzelner Aspekte von Welt. Diese Ko-Konstruktion kann allerdings nur dann gelingen, wenn sie im Rahmen *symmetrischer Wechselbeziehungen* geschieht. Das meint: wenn sich die Interaktionspartner auf einer geistigen Ebene befinden. „Ko-Konstruktion beschreibt die Form einer Kooperation von zwei oder mehreren Partnern unter der Voraussetzung ihrer Gleichwertigkeit.“ (Schäfer 2003, S. 5f). In der Verwendung dieses Begriffes muss daher geklärt werden, ob diese Gleichwertigkeit von vorne herein vorhanden ist, oder – falls nicht – wie sie erreicht werden kann. In der Realität sieht es vielmehr so aus, dass Erwachsene die Regeln der Ordnung bestimmen. Kinder halten diese Regeln ein und erhalten dafür Anerkennung und Belohnung. Außerdem haben Erwachsene Kindern gegenüber einen Wissens- und Erfahrungsvorsprung. Demzufolge liegt in der sozialen Interaktion zwischen Erwachsenem und Kind immer ein Ungleichgewicht und eine Hierarchie vor. Pädagogische Handlungskonzepte, die als Ausgangspunkt eine Ungleichgewichtigkeit oder auch *Asymmetrie* nehmen im Sinne von „einer weiß, ein anderer nicht“, müssen deshalb daraufhin überprüft werden, ob und wie Ko-Konstruktion überhaupt in diesen Rahmen passt.

Das Konzept der Ko-Konstruktion ist im Wesentlichen ein Konzept verbalen Aushandelns. Im Alter von null bis sechs erfolgt das Aushandeln allerdings zunächst auf nonverbaler Ebene. Das verbale Aushandeln spielt zwar zunehmend eine Rolle, will man jedoch dieses Konzept auch auf diese Alters- und Entwicklungsspanne ausweiten, muss zumindest das nonverbale Kommunikationsverhalten einbezogen werden. Wir benötigen also Untersuchungen darüber, wie sich sprachliche und/oder nichtsprachliche Prozesse der Ko-Konstruktion von Kindern unter sechs Jahren gestalten.

Da in symmetrischen Beziehungen beide Partner mit gleichartigen Handlungen zu einer Interaktion beitragen, kann ein Verhandeln oder Sich-Verständigen über die Bedeutung von Welt in sozialen Beziehungen nur in symmetrischen Beziehungen gelingen, wie etwa unter Gleichaltrigen, die in ihrer Entwicklung eng beieinander liegen. Gleichaltrige sind sich in ihrer Wahrnehmungsfähigkeit, ihrer körperlichen Geschicklichkeit, ihrem mathematischem Denken oder auch in ihrer Konstruktion von Moralvorstellungen entwicklungsbedingt sehr ähnlich. Die Voraussetzungen für Symmetrie sind dort demnach am größten.

Das Konzept der Ko-Konstruktion ist bislang bei Kindern im Schulalter gut untersucht (Krappmann und Oswald 1995). Studien, die Ko-Konstruktion im Bereich der frühen Kindheit beschreiben, fehlen allerdings bislang. Man geht zwar davon aus, dass Ko-Konstruktion unter Gleichaltrigen auch in der frühen Kindheit eine wichtige Rolle spielt. Es gibt allerdings kein wissenschaftliches Selbstverständnis darüber, unter welchen Bedingungen sie bei Kindern unter sechs Jahren stattfinden kann.

Insbesondere ist bislang ungeklärt, inwiefern das Konzept der Ko-Konstruktion auf die Beziehung zwischen Erwachsenem und Kind übertragen werden kann. Sobald Erziehungs- und Bildungsprozesse, sofern Erwachsene daran beteiligt sind, einfach als ko-konstruktiv bezeichnet werden, besteht die Gefahr, ein mögliches Machtverhältnis zwischen den Beteiligten zu verschleiern. Wer eine pädagogische Haltung einnimmt, die vorgibt, was Kinder wann zu lernen haben, erschwert damit ein ko-konstruktives Verhältnis zwischen Erwachsenem und Kind. Er macht dieses zuweilen unmöglich.

Ko-Konstruktion zwischen Erwachsenen und Kindern unterliegt also einerseits immer einer Versuchung oder Gefahr von Einflussnahme und Machtausübung. Andererseits macht gerade das deutlich, unter welcher Verantwortlichkeit die pädagogische Beziehung vonseiten des Erwachsenen zu gestalten ist. Die emotionale Verbundenheit (Kohäsion) zwischen Kind und Erwachsenem wird nicht zuletzt durch das empathische Einfühlungsvermögen von letzterem geprägt und ermöglicht. Der Erwachsene muss schließlich dafür Sorge tragen, dass sich Kind und Erwachsener in ihrer unterschiedlichen Perspektive (Intersubjektivität) verstehen. Dies ist dann möglich, wenn er die subjektive Bedeutung seines Handelns hinsichtlich seiner Gefühle und seines Denkens für das Kind erfahrbar macht. Umgekehrt muss der Erwachsene sensibel werden für das subjektive Handeln und die Perspektive des Kindes. Er muss dabei dessen Entwicklungsstadium richtig einschätzen und einordnen können. Für Kind und Erwachsenen ist letztendlich von Bedeutung, dass sie ihr Handeln und ihre Interaktion so aufeinander abstimmen, dass sie beide einen Gewinn für ihr Selbst und ihre Identität daraus ziehen können.

Ko-Konstruktion wird demzufolge erst dann zwischen Kind und Erwachsenem möglich, wenn die Machtebene zwischen ihnen durchbrochen wird, wenn sich der Erwachsene auf die Ebene des Kindes begibt und sich bemüht, dessen Handlungsmotive, Bedürfnisse und Interessen zu erkennen und zu verstehen. Gleichwohl muss es im Erziehungs- und Bildungsprozess Hierarchiegrenzen geben. Sie sind alleine durch einen natürlichen Reife- bzw. Entwicklungsvorsprung des Erwachsenen gegeben.

In der kritischen Auseinandersetzung mit dem Konstrukt der Ko-Konstruktion lässt sich an der Stelle zusammenfassen: Ko-Konstruktion ist ein für das frühe Kindesalter bislang unzureichend geklärtes Konzept. Sobald Ko-Konstruktion unterstellt wird, sollte auch geklärt werden, wie sie umgesetzt werden möchte. So lange dies nicht geschieht, ist der Gebrauch des Begriffes letztendlich nur ein „Anzeichen einer pädagogischen Absicht, von der man noch nicht weiß, ob und wie sie empirisch eingelöst werden kann" (Schäfer 2003, S. 6).

Die Erzieherin als Kooperationspartnerin und Initiatorin von Konstruktionsprozessen

Trotz all der genannten und sicher sensibel zu behandelnden Faktoren kann der Erwachsene jedoch aus *konstruktivistischer* Perspektive fragen (Abb. 3):

Abb. 3: Fragen aus konstruktivistischer Sicht

- Wie kommt es, dass das Kind die Dinge so tut, wie es sie tut?
- Wie sehe ich die Dinge und wie erklärt mir das Kind seinen Weg?
- Wie kann ich das, was Kinder tun, mit Kindern gemeinsam entwickeln?
- Wie kann ich mit Kindern planen?

Dabei gibt es kein „richtig“ oder „falsch“. Vielmehr sollte die Erzieherin fragen, was für das Kind Sinn macht und weshalb es die Dinge auf genau diese Weise tut.

Die Interaktion zwischen Kind und Erwachsenem kann nur *dialogisch* stattfinden, denn das, was das Kind von sich zeigt, ist die Konstruktion seines Inneren. Die Erzieherin sollte sich stets bemühen, diese zu erfassen, zu verstehen und mit ihm zu kooperieren. Sie wird somit zum *Kooperationspartner* des kindlichen Selbstkonstruktes.

Auch wenn sich Kinder ihre Wirklichkeit und ihr Wissen vorrangig in der Interaktion mit Gleichaltrigen konstruieren, sind sie in ihrer Entwicklung dennoch auf Erwachsene angewiesen. Diese stellen nicht nur das räumliche und materielle und damit auch inhaltliche Angebot für die Konstruktion zur Verfügung, sondern auch den sozialen Rahmen. Die Erzieherin sollte demzufolge ein entsprechendes Konstruktions- und Interaktionsfeld mit Gleichaltrigen wie auch mit Kindern ermöglichen, die in der Entwicklung vorangeschritten sind. Ebenso ist es ihre Aufgabe den zeitlichen Rahmen und Freiraum für diese Konstruktionen zur Verfügung zu stellen. Dadurch kann und sollte sie kindliche Konstruktionen anregen und darauf reagieren. Sie kann und sollte die Konstruktionsbemühungen des Kindes beantworten (durch entsprechende Angebote) und wenn nötig dem Kind Hilfestellungen anbieten. Darin zeigt sich ihre Rolle als *Initiatorin von Konstruktionsprozessen.*

2.2 Aspekte der Entwicklungspsychologie

In der Darstellung des Konzeptes der Ko-Konstruktion sowie in der Darstellung der unterschiedlichen pädagogischen Ansätze hinsichtlich des Bildes vom Kind wird bereits ersichtlich: Bildung, insbesondere die frühkindliche Bildung, beruht auf Beziehungen, Beziehungen zu Dingen, Gedanken und Personen. Indem sich das Kind mit diesen Elementen auseinander setzt, setzt es sich zu ihnen in Beziehung. Dabei spielen im frühen Entwicklungsalter Emotionen eine entscheidende Rolle. Gerade diese geben nämlich den Dingen, Personen und Gedanken eine Bedeutung. Das Kind braucht erwachsene Vorbilder und Partner, die auf seine Welt- und Selbsterfahrung reagieren, durch sprachliche und emotionale Äußerungen, durch Mimik, Gestik und Verhalten. Es muss eine interessierte Resonanz durch die Erwachsenen um sich herum erfahren, damit es Selbstbestätigung, Sicherheit und Vertrauen, auch Zutrauen erleben kann.

Das setzt voraus, dass das Kind in verlässliche Beziehungen und sichere Bindungen eingebettet ist. Nur so ist es möglich sich als Subjekt zu erfahren, das Beziehungen zu seiner Umwelt knüpft und knüpfen kann. Auch hier ist die Rolle des Erwachsenen bedeutsam, der Spiel- und Freiräume zur Erforschung der kindlichen Lebenswelt und zur Ermöglichung eigener Erfahrungen bereitzustellen hat. Insbesondere sollte dieser bereit und in der Lage sein sich innerlich von dem ansprechen zu lassen, was das Kind tut.

Voraussetzungen für die Persönlichkeitsentwicklung des Kindes

Das frühe Beziehungserleben des Kindes hat eine enorme Bedeutung für die Entwicklung von Urvertrauen. Ebenso prägt es seine Abhängigkeit von der primären Bezugsperson, im späteren Entwicklungsverlauf auch von weiteren Bezugspersonen. Dieses Urvertrauen beschreibt ein positives Grundgefühl, mit dem das Kind künftig anderen Menschen, sich selbst und dem Leben insgesamt begegnet. Durch die Erfahrungen aus der Beziehung zu seiner primären Bezugperson gestaltet sich seine Erlebniswelt. Ist diese Bezugsperson verlässlich und einfühlsam, nimmt sie das Kind ohne Vorbehalte an. Ist sie emotional stabil und präsent, beachtet sie die Signale des Kindes und beantwortet sie diese ange-

messen, dann sind günstige Voraussetzungen für das Entstehen einer sicheren Bindung und des Grundvertrauens geschaffen.

Dieses besteht dann in der Gewissheit: „Das Leben gewährt, was ich brauche, es bietet genügend Möglichkeiten der Befriedigung und ich bin ihrer wert. Ich kann mich selbst annehmen und auf das Dasein einlassen. Denn ich darf vertrauen, anderen Menschen, mir selbst und dem Leben überhaupt." (Senckel 2004, S. 27). Dieses Grundvertrauen trägt das Kind und den heranreifenden Erwachsenen später auch in schwierigen Lebenssituationen und verleiht die notwendige Zuversicht für eine positive Bewältigung von Situationen.

Voraussetzungen für diese Zuversicht sowie für die Identitätsentwicklung des Kindes ist eine Haltung des Erwachsenen, die ebenfalls von Zuversicht und Zutrauen dem Kind gegenüber geprägt ist. Eine solche Haltung des Erwachsenen prägt sich tief in die Persönlichkeit des Kindes ein, sodass sie später als Teil seiner eigenen Identität angesehen wird. Sie wirkt sich als internalisierte Haltung auf das kindliche Explorationsstreben und -verhalten aus.

Auf dem Hintergrund dessen, dass Kindertageseinrichtungen ihr Erziehungs-, Bildungs- und Betreuungsangebot zunehmend für Kinder unter drei Jahren öffnen, sollen im Folgenden auch bereits die frühkindlichen Entwicklungsaspekte in Augenschein genommen werden.

Welche Bedingungen braucht ein Säugling für den Erwerb der sicheren Bindung und die Bildung von Urvertrauen? Da er zunächst absolut hilflos und unreif zur Welt kommt, benötigt der Säugling das Klima einer Art sozialen Uterus. Das heißt, all seine Bedürfnisse nach Nahrung, Wärme, Kontakt und Sinneseindrücken sollten so schnell als möglich erfüllt werden, damit ihm die im Mutterleib erfahrene Dauerversorgung mit diesen Komponenten erhalten bleibt und diese ihn trägt. Da der Säugling noch keinerlei Zeitbegriff besitzt und noch nicht erfahren hat, was es bedeutet, „nur fünf Minuten warten" zu müssen, besitzt er dementsprechend wenig Frustrationstoleranz. Unbefriedigte Bedürfnisse versetzen ihn in Stress und lösen existenzielle Ängste aus, die sein Gehirn speichert.

Das Fremdeln des Kleinkindes, das sich gegen Ende des ersten Lebensjahres zeigt, bedeutet, dass es eindeutig an seine Bezugsperson gebunden ist. Bei emotional sehr stabilen Kindern tritt das Fremdeln manchmal jedoch ganz in den Hintergrund und äußert sich phasenweise eher durch skeptisch beobachtende Zurückhaltung.

Mit zunehmenden motorischen und kognitiven Fähigkeiten wächst das Interesse an der dinglichen Welt. In dieser Phase ist allerdings (noch) die räumliche Gegenwart der Bezugsperson notwendig. Sie bietet dem Säugling und Kleinkind die emotionale Sicherheit für Erkundungsausflüge. Er/Es prüft am Gesichtsausdruck, dem Verhalten und den Äußerungen der Mutter deren Einschätzung der Situation und passt seine Einstellung entsprechend der ihren an.

Allmählich gewinnen auch der zweite Elternteil und weitere Bezugspersonen wie Großeltern, Geschwister etc. an Bedeutung.

Indem die anderen Bezugspersonen einen anderen Umgang mit dem Kind, das nun seine Welt erkundet, pflegen, erlebt es im Vergleich zur Mutter bzw. zur ersten Bezugsperson nun das „Andere“ oder „Neue“. Sie reagieren anders auf das Kind – sprachlich, durch Mimik und Gestik – und setzen anders Grenzen. Im Kontakt mit weiteren Bezugspersonen erfährt der Säugling nun eine zweite Art des Selbsterlebens. Das hilft ihm, sich klarer von der Mutter zu unterscheiden und sich allmählich aus der symbiotischen Beziehung mit ihr zu lösen.

Mit zunehmendem Alter geht das Kind immer mehr auf Erkundungsgang. Es übt sich in den Grundlagen seiner Selbstständigkeit, sei es im Grob- oder Feinmotorischen Bereich oder durch die allmähliche Entwicklung und Ausprägung der Sprache.

Der Kompetenzzuwachs verleiht dem Kind zunehmend Stolz. Wird es durch Lob ermutigt, begibt es sich immer wieder erneut auf Erkundungsreise. Durch kleine Misserfolge lässt es sich nicht beirren. Diese Phase von Zunahme an Selbstsicherheit hat für die Identitätsbildung eine elementare Bedeutung. Durch sie erwächst die zweite Wurzel des späteren Selbstwertgefühls. Aus der früheren Gewissheit „Ich bin es wert, versorgt und geliebt zu werden“ schließt es die wachsende Sicherheit: „Ich vermag mich den Herausforderungen des Lebens zu stellen und sie zu meistern.“

In dieser Phase braucht das Kind einen möglichst großen Spielraum, um seiner Entdeckungslust nachzugehen, interessante Dinge, die seine Aufmerksamkeit binden und das Wissen darum, wo sich seine Bezugsperson aufhält, wenngleich es auch schon für einige Zeit alleine in einem Zimmer spielen kann. Und immer wieder gilt: Erst die Sicherheit, nicht verlassen zu sein, ermöglicht die weitere Zuwendung zur Welt.

Wenn das Kleinkind in seiner Erkundungsphase zum Ende des zweiten Lebensjahres hin spürt, dass doch nicht alle Grenzen überwindbar sind oder dass die primäre Bezugsperson auch einen eigenen Willen besitzt, der nicht immer dem seinen entspricht, dass es nicht alles darf, was es möchte, dann erhöht diese Einsicht seine Verlassenheitsängste, sodass es wieder vermehrt die Nähe zur Mutter aufsucht.

Da der Wille des Kindes, den es nun bereits deutlich entwickelt hat, nicht immer dem der Mutter entspricht, kommt es nun häufiger zu Konflikten, auf die das Kind mit Wut und Trotz reagiert. Die „Trotzphase“ hat begonnen. In dieser möchte das Kind die begehrte emotionale Einheit erleben und gleichzeitig seine Autonomie behaupten (*Symbiose-Autonomie-Konflikt*). Gleichzeitig fürchtet es, dass es nicht mehr geliebt wird, wenn es auf seinem Willen und seiner Selbstbehauptung beharrt, ja dass es deswegen verlassen wird. Es sucht Schutz und Anlehnung, doch um diese zu erreichen, müsste es seine Eigenständigkeit aufgeben. Das Kind ist verzweifelt und fühlt sich in einem Dilemma. Es weiß schließlich noch nicht, dass seine Eltern es mit beiden Wesenszügen lieben, als ihr Kind, das mit einem eigenen Willen ausgestattet ist, und ebenso als ihr Kind, das bedürftig ist. Ebenso weiß es noch nicht, dass diese beiden Zustände immer wieder wechseln können und dass sie beide auch gelebt werden dürfen. Es kennt bislang nur das Entweder-oder und noch nicht das Sowohl-als-auch.

Die Bedeutung verschiedener Konstanzfaktoren

Für das Kleinkind hat also im frühen Entwicklungsalter das Erleben von *Beziehungskonstanz* eine ganz entscheidende Bedeutung. Das Kind darf und muss erleben, dass es geliebt wird, auch wenn es selbstständig, ungehorsam, trotzig, wütend, ohnmächtig, ängstlich, traurig, eifersüchtig, schwierig, fröhlich oder übermütig ist – trotz aller unbequemen Grenzsetzungen vonseiten der Erwachsenen um es herum. Nur dadurch kann es verschiedene Gefühlsqualitäten in sich anerkennen und allmählich lernen, mit ihnen umzugehen. Diese Erfahrung trägt zur *Selbstkonstanz* (auch zum Selbstbild) und maßgebend zur Identitätsentwicklung bei.

Ebenso ist es in dieser Phase für das Kind wichtig zu erfahren, dass seine Bezugspersonen ebenfalls unterschiedliche Gefühle besitzen und äußern, dass auch sie liebevoll, unwillig, ärgerlich, traurig, ängstlich und heiter sein können und sie dennoch das Kind weiterhin lieben. Hier spricht man von *Objektkonstanz*. Die Mutter bleibt die Mutter trotz aller unterschiedlichen Gefühlsäußerungen und Verhaltenstendenzen.

Die drei Komponenten emotionale Konstanz, Beziehungskonstanz, Selbst- und Objektkonstanz, sind eng miteinander verflochten. Sie bilden geradezu eine Einheit. Zur Entwicklung dieser Konstanzfaktoren braucht das Kind Eltern und Erzieherinnen, die sich in die kindliche Erlebenswelt einfühlen und die auch in harten Zeiten von Trotz und Belastungsproben einen klaren Rahmen bieten. Sie müssen dem Kind Rechnung tragen, indem sie ihm hinreichend Spielraum für Selbstbestätigung und für seinen kindlichen Erfahrungsdrang einräumen und seine Selbstständigkeit fördern. Die Erwachsenen, die das Kind umgeben, sollten eigene Wut und eigenen Ärger kontrollieren und dosieren und das Kind, wenn es sich beruhigt hat, liebevoll empfangen und trösten. Sie sollten nicht nachtragend sein.

Selbstwert und Identitätsentwicklung

Das Kind erlangt von Geburt an in dem engen Dialog und der beständigen Interaktion mit der engsten Bezugsperson Erfahrungen seines Selbst und seiner Identität. Das geschieht bis zu dem Moment, in dem es erlebt, dass es eben doch nicht nur die vertraute emotionale Einheit mit dieser Person gibt. Es erfährt irgendwann, dass die Menschen um es herum auch Individuen und somit unterschiedlich sind.

Die Erfahrung, „anders“ zu sein als die Bezugspersonen und später auch „anders“ als die Alterskameraden in der Kindertageseinrichtung, ist außer der Tatsache, dass sie hin und wieder schmerzvoll (wie in der Trotzphase) für das Kind und seine Identitätsentwicklung sein kann, sehr wichtig. Es macht die Erfahrung, einzigartig zu sein und als solches akzeptiert und geliebt zu werden.

Grundsätzliche „Gleichmacherei" – unter Geschwistern, unter Kindern einer Kindergartengruppe – ist aus diesem Grund als absolut schädlich für die kindliche Identitätsentwicklung zu betrachten. Das sollte in der Gestaltung des pädagogischen Alltags in den Einrichtungen mitbedacht werden.

Im Prozess der Identitätsentwicklung vollzieht sich ebenso irgendwann die Erkenntnis des eigenen Geschlechts und der Unterscheidung vom anderen. Dazu braucht das Kind Freiraum, sich selbst und seinen Körper zu entdecken und kennen zu lernen. Grundsätzlich zeigt sich auch hier, dass sich das Kind und seine Identität nur über eine in Vertrauen gebettete Beziehung weiter entwickeln und stärken kann.

Gleichgeschlechtliche Erwachsene geben diesbezüglich Orientierung und Rollenvorbilder vor. Umgekehrt signalisieren sie, welche Erwartungen sie an das andere Geschlecht stellen. Es ist deshalb im Grunde unabdingbar, dass Erzieherinnen ihre weibliche Rolle und Identität sowie ihre Verhaltensmuster und sozialen Beziehungsgefüge hinterfragen. Es ist in diesem Zusammenhang ebenso unabdingbar, dass mehr männliche Personen in den Kindertageseinrichtungen arbeiten und/oder dort als Ansprechpartner präsent sein sollten. Sowohl Jungen als auch Mädchen brauchen weibliche wie männliche Vorbilder und Bezugspersonen.

Sichere und unsichere Bindungen und ihre Folgen

Die sichere Bindung zu einer Bezugsperson ist die wichtigste Bedingung, damit sich das Kind mit gelöster Aufnahmebereitschaft der Welt zuwendet. Sicher gebundene Kinder besitzen eine hohe emotionale Stabilität. Dadurch sind sie in der Lage, altersangemessene Formen der Autonomie und des Sozialverhaltens zu entwickeln. Sie können ihre kognitiven und kreativen Potenziale entfalten und ihre Kompetenzen ideal einsetzen. So lösen sie z. B. selbstständig Konflikte. Sie entwickeln beim Spiel Fantasie und Ausdauer, sie spielen erfindungsreich und tolerant.

Wenn sie verloren haben, strengen sie sich in der nächsten Runde stärker an und holen sich Hilfe, wenn sie alleine nicht weiter kommen. Diese nur als ein paar konkrete Beispiele, die bei sicher gebundenen Kindern zu beobachten sind.

In der Übergangsphase von der Familie in die Kindertageseinrichtung zeigen insbesondere jüngere Kinder, die *sicher gebunden* sind, in den Trennungssituationen Bindungsverhalten. Sie weinen, schreien und haben ganz eindeutig Kummer. Sie sind in diesen Situationen hohem Stress ausgesetzt, da sie große Unsicherheit und Angst haben, die Bindungsperson komme nicht wieder. An diesem Verhalten lässt sich sehr gut eine sichere Bindung zur ersten Bezugsperson festmachen.

Unsicher-vermeidend gebundene Kinder dagegen verhalten sich in Eingewöhnungssituationen häufig unauffällig. Dabei erleben sie ebensolchen Stress wie das sicher gebundene Kind. Sie zeigen dies nur nicht. Sie erscheinen eher angepasst und in sich gekehrt. Häufig stellt sich bei unsicher gebundenen Kindern nach einiger Zeit der Eingewöhnung Krankheit ein. Das zeigt, dass sie durch den dauerhaften (meist unterdrückten) Stress sehr beeinträchtigt sind.

Unsicher gebundene Kinder reagieren in Konflikten eher aggressiv oder ängstlich. Sie gehen Konflikten ganz aus dem Weg oder holen die Erzieherin zur Hilfe.

Unsicher-ambivalent gebundene Kinder ähneln in ihren Reaktionen den unsicher-vermeidend gebundenen Kindern. Ihnen fehlt meist die elementare Erfahrung wirkungsvoller und gelingender Kommunikation, die sie die Welt als vertrauenswürdig erfahren lässt. Neues erscheint ihnen häufig bedrohlich, insbesondere dann, wenn der erste Versuch, sich mit dem Neuen auseinander zu setzen, nicht auf Anhieb befriedigend gelingt oder zum gewünschten Ergebnis führt. In Eingewöhnungssituationen zeigen sie – insbesondere jüngere Kinder – häufig heftiges Schreien und Um-sich-Schlagen. Sie lassen in ihrer Not und Verzweiflung weder Trost noch Nähe der Erzieherin zu.

Diese Kinder zeigen meist wenig Frustrationstoleranz. Sie reagieren eher impulsiv und aggressiv und ziehen sich enttäuscht und ängstlich zurück. Sie verweigern sich unbekannten Herausforderungen und oftmals fehlt es an Durchhaltevermögen. Das wiederum wirkt sich oftmals verhängnisvoll auf die Konzentration und die Lernmotivation aus. Unsicher gebundenen Kindern mangelt es demnach an dem grundlegenden Vertrauen zu sich selbst und zu ihren sozialen Beziehungen.

Eine sichere Bindung dagegen erweist sich als beste Grundlage für eine angemessene, harmonische Persönlichkeitsentfaltung und Weltbewältigung. Sie ist somit die beste Basis für einen gelingenden Bildungsprozess.

Abb. 4: So können Sie eine sichere Bindung von Kindern im Rahmen Ihrer pädagogischen Arbeit unterstützen:

Beobachten Sie das Kind vom ersten Kennenlernen über den Eintritt in Ihre Einrichtung und seine weitere Entwicklung:

- Hat es die Anfänge der Selbst- und Objektkonstanz erworben?
- Hat es ein gesundes Urvertrauen und ein altersangemessenes Selbstwertgefühl aufgebaut?

Beobachten Sie das Interaktionsverhalten zwischen den primären Bezugspersonen und dem Kind:

- Versorgen diese Personen das Kind verlässlich?
- Stehen sie authentisch zur Verfügung?
- Nehmen sie das Kind so an, wie es ist?
- Brauchen Eltern Hilfe und Unterstützung?
- Können Sie diese selbst gewähren, z. B. durch Beratung?
- Sollten Sie an eine andere Beratungsinstitution verweisen?
- Brauchen die Eltern Begleitung beim Eintritt ihres Kindes in die Kindertageseinrichtung?
- Gehen Sie selbst sorgsam mit der Trennungsangst der Bezugspersonen um?
- Gelingt es Ihnen, Vertrauen zwischen Ihnen und den Eltern aufzubauen?

Reflektieren Sie Ihre eigenen Bindungserfahrungen, die immer Einfluss auf Ihre Wahrnehmung, Beobachtung und Interpretation des Beobachteten, ebenso auf Ihre Verhaltenstendenzen haben:

- Wie ist Ihre eigene Bindungsgeschichte?
- Wie sind ihre eigenen Erfahrungen z. B. hinsichtlich gelingender Kommunikation und Konfliktlösung?

Während des Übergangs des Kindes von der Familie in den Kindergarten ist deutlich zu unterscheiden zwischen der Trennungsangst vonseiten der Mutter und der vonseiten des Kindes. Die mütterliche Angst darf das Kind in seiner Stabilität nicht beeinträchtigen.

Bahnen Sie deshalb schon möglichst lange vor dem Eintritt des Kindes in den Kindergarten ein erstes Kennenlernen und Vertrautwerden – sowohl mit dem Kind als auch mit seiner(n) Bezugs- und Bindungsperson(en) – an.

Lernen Sie in gemeinsamen Gesprächen die Einstellung dieser Personen zur Trennung und dem Übergang in die Einrichtung kennen. Begleiten Sie sie bei ihren Ängsten und Befürchtungen. Außerdem können Sie bereits hier schon wichtige Informationen über das Kind, seine Gewohnheiten und seinen Entwicklungsstand erfahren. Wenn es gelingt, bereits in dieser Phase Vertrauen zwischen Familie und Kindertageseinrichtung aufzubauen, hat das Kind gute Chancen für einen gelingenden Start.

Bei vermutlich unsicher gebundenen Kindern empfiehlt sich ein behutsamer Übergang von der Familie in die Kindertageseinrichtung, der ein allmähliches Lösen von der ersten Bezugsperson, meist der Mutter, ermöglicht. Diese sollte für das Kind anfangs auch räumlich noch bereit stehen dürfen und sollte vor allem emotional immer zur Verfügung stehen. (Hier gibt das Berliner Eingewöhnungsmodell wertvolle Empfehlungen.)

Welche Möglichkeiten haben nun Erzieherinnen in Bezug auf Bindungsgestaltung in Kindertageseinrichtungen?

Was für die sichere Bindung zur Mutter gilt, ist natürlich ebenso auf die Beziehung zur Erzieherin übertragbar. Diese sollte zum einen vor allem verlässlich sein. Das Kind muss sicher sein, dass es bei der Erzieherin in jeder Notsituation – Bedrohung, Angst oder Mangel – Schutz, Verständnis und Hilfe erfährt. Auch sollte die Erzieherin in der Lage sein, den Kindern gegenüber konstante Reaktions- und Verhaltenstendenzen zu zeigen. Zum anderen sollte sie – und das ist von hoher Bedeutung – emotional verfügbar sein. Sie sollte in der Lage sein, das kindliche Verhalten sowie seine Befindlichkeit wahrzunehmen, diese richtig zu interpretieren und möglichst zeitnah reagieren. Manche Kinder mögen es z. B. nicht, auf den Arm genommen zu werden oder immer wieder im Gesicht oder auf sonstige Weise körperlich berührt zu werden.

Alle hier genannten Aspekte sind insbesondere in der Übergangsphase des Kindes von der Familie in die Einrichtung zu bedenken. Meiner Erfahrung nach kann immer wieder nur betont werden: Wird die Eingewöhnungsphase sensibel, bewusst und verantwortungsvoll gestaltet, ist der beste Start für die Anbahnung von Beziehung und/oder Bindung gelegt – und damit die Chance für eine weitere positive Entwicklung des Kindes. Diese ersten Erfahrungen von Trennung und Übergangsbewältigung haben Einfluss auf alle folgenden – wie z. B. auf den Übergang von der Kindertageseinrichtung in die Grundschule, von der Grundschule in die weiterführende Schule, sogar auf den Übergang von der Schule in den Beruf. Der in neuen Bildungskonzepten auftauchende Aspekt der *Transitionen* beschreibt schlussendlich genau das. Er fordert für die bewusste und verantwortungsvolle Gestaltung von Übergängen insbesondere die Stärkung von Grund- und Selbstvertrauen.

Welche Voraussetzungen für gelingende Bildung können Erzieherinnen im pädagogischen Alltag schaffen?

Eine wesentliche Voraussetzung für Bildung ist – wie bisher deutlich wurde – eine offene Haltung vonseiten des Kindes. Nur wenn ein Kind bereit ist, der Welt zu begegnen und sich mit ihr auseinander zu setzen, wird Bildung für das Kind möglich. Erst, wenn es offen ist für die Herausforderung, die vielen Aspekte seiner Lebensumwelt intensiv aufzunehmen, kann Bildung gelingen.

Dies erfordert vom Kind gelöste Aufmerksamkeit und Aufnahmebereitschaft. Sie sind dann möglich, wenn ein Kind ruhig bei sich ist und sich gleichzeitig wach seiner Umgebung widmet. Das Kind wiederum kann nur dann offen sein, wenn es nicht auf Grund von Bedrohung seine Grenzen schließen und bewachen muss, sondern wenn Vertrauen und Angstfreiheit herrschen. Dann kann es seine Neugierde entfalten.

Die gesteigerte Form von Wachheit ist Konzentration. Konzentration wiederum erfordert entspannte, ruhige Zentriertheit und die Möglichkeit für das Kind, dass es seinen Wahrnehmungen und Erfahrungen Raum und Zeit geben darf. Erst unter diesen Voraussetzungen kann es das Gelernte integrieren, indem es bei sich bleiben und ankommen kann.

Angstfreie Offenheit, Neugierde und entspannte, ruhige Konzentration bilden die psychischen Ausgangsbedingungen für gelingendes Lernen – und das in jedem Lebensalter.

Das bedeutet für den Erwachsenen, der kindliche Bildungsvorgänge unterstützen möchte, dass er stets ein Augenmerk auf die psychische Verfasstheit des Kindes richtet. Vor allem sollte er Sorge dafür tragen, dem Kind zur notwendigen emotionalen Balance und Sicherheit zu verhelfen.

Emotionale Kompetenz

Eine bedeutende Entwicklungsaufgabe der frühen Kindheit ist es, mit den eigenen Gefühlen und denen anderer umzugehen. Wenn dies gelingt, ist eine wesentliche Voraussetzung für die spätere Alltags- und Lebensbewältigung geschaffen. Der Begriff der *Emotionalen Kompetenz* beschreibt diese Fähigkeit. Eine hohe emotionale Kompetenz hat nach entwicklungspsychologischen Studien eine positive soziale und schulische Entwicklung als Konsequenz.

Die emotionalen Fertigkeiten von Kindern verändern und erweitern sich in den ersten sechs Lebensjahren deutlich. Als emotionale Schlüsselfertigkeiten gelten (Abb. 5):

Abb. 5: Emotionale Schlüsselfertigkeiten (nach Wiedebusch/Petermann 2004, S. 6)

- Eigener mimischer Emotionsausdruck
- Erkennen des mimischen Emotionsausdrucks anderer Personen
- Sprachlicher Emotionsausdruck
- Emotionswissen und -verständnis
- Selbst gesteuerte Emotionsregulation

Von emotional kompetentem Verhalten kann man sprechen, wenn Kinder sich darüber bewusst sind, dass ihr eigenes emotionales Ausdrucksverhalten die Reaktionen anderer Personen beeinflusst (Saarni 1999). Die dazu benötigten emotionalen Schlüsselfertigkeiten werden im Verlauf der Entwicklung erworben und hängen stark vom familiären und kulturellen Umfeld ab bzw. werden von diesem geprägt.

Der Verlauf emotionaler Entwicklung vollzieht sich über die Entwicklung *primärer Emotionen* zur Entwicklung sekundärer Emotionen. Als primäre Emotionen gelten Freude, Ärger, Traurigkeit, Angst, Überraschung und Interesse. Zu den *sekundären Emotionen* gehören Stolz, Scham, Schuld, Neid, Verlegenheit und Mitleid.

Soziale Emotionen, die auf die Gefühle anderer Personen Bezug nehmen, treten im Entwicklungsverlauf ab dem zweiten Lebensjahr auf, wenn Kinder zunehmend in der Lage sind, zwischen ihrem eigenen Erleben und dem anderer zu unterscheiden und die Gefühle anderer zu verstehen. Sie sind nun in der Lage, sich in die Gefühle anderer Menschen hineinzuversetzen und einen Perspektivenwechsel zu vollziehen. Ab diesem Zeitpunkt kann die Grundlage für *Empathie* und *prosoziales Verhalten* gelegt werden. Zwischen dem dritten und fünften Lebensjahr verbessert sich diese Fähigkeit.

Die Entwicklung des *sprachlichen Emotionsausdrucks* vollzieht sich über das Kennen einzelner Gefühlswörter, wie z. B. „wütend sein“, das Verwenden einzelner Emotionswörter, „Max sauer“, und dem Verstehen einfacher Emotionswörter, „Ich freue mich“ (18. bis 20. Lebensmonat). Im nächsten Schritt verfügt es über ein größeres passives Verständnis von Emotionswörtern bis zum 2. Lebensjahr hin und kann zunehmend Gefühle anderer Personen benennen. Bis zum 4. Lebensjahr schließlich ist ein Führen ausführlicher Gespräche z. B. über Ursachen und Konsequenzen von Gefühlen möglich. Bis zum 6. Lebensjahr etwa haben Kinder ein differenziertes Emotionsvokabular für Gefühle erworben, z. B. „eifersüchtig sein“.

Eine ähnliche Entwicklung vollzieht sich mit dem *Emotionsverständnis*, wobei immer folgende Faktoren die Entwicklung beeinflussen: das Alter, das individuelle Entwicklungstempo, die Sprachkompetenz sowie das Bindungsverhalten. Als Konsequenz für Eltern und Erzieherinnen bedeutet dies, dass sie mit Kindern über Gefühle sprechen müssen, damit ein entsprechendes Emotionsverständnis aufgebaut werden kann. Das bedeutet auch, dass sie sehr feinfühlig die Signale der Kinder erkennen, richtig analysieren und interpretieren und schließlich versprachlichen müssen.

Wenn Kinder bereits ab dem Säuglings- und Kleinkindalter und schließlich verstärkt ab dem Kindergartenalter eine gewisse Fülle von *Emotionsregulationsstrategien* kennen lernen und erproben, ist die Grundlage für eine erfolgreiche *emotionale Selbstregulation* gelegt. Dabei sind sie zunächst auf die Unterstützung und gemäßigte Regulation durch die Bezugspersonen angewiesen, können jedoch zunehmend selbstständiger ihre Gefühle regulieren. Der wachsende Einsatz ihrer kommunikativen Fähigkeiten unterstützt die Regulation der Gefühle, ebenso der Einsatz *kognitiver Regulationsstrategien.*

Emotionale Kompetenz ist die Voraussetzung für die Entwicklung eines angemessenen Sozialverhaltens. Wie zahlreiche Studien beweisen, werden Kinder, die emotional kompetent sind und bessere soziale Fertigkeiten besitzen, von Gleichaltrigen eher akzeptiert und haben in der Gruppe der Gleichaltrigen einen höheren Sozialstatus. Dies stellt neben anderen Fähigkeiten die Grundlage für bessere Schulleistungen dar. Kinder, die überwiegend positive Gefühle zeigen, die kooperativ mit anderen zusammen arbeiten und prosoziales Verhalten zeigen, die empathisch sind und ihre eigenen Gefühle regulieren können, haben in der Schule weniger Probleme.

Die Bedeutung verbaler und nonverbaler Sprache/ von Interaktion und Kommunikation für Lernen und Beziehungsgestaltung

Bereits durch das enge *Ko-Agieren* zwischen Säugling und primärer Bezugsperson, durch das Wechselspiel von Lautäußerungen, Mimik und Gestik findet Kommunikation zwischen den beiden statt. Der Säugling und später das Kleinkind lernt, die emotionalen Signale zu dechiffrieren, die seine Bezugspersonen in ihrer Mimik und Gestik ausdrücken. Über diesen nicht-sprachlichen Kommunikationsprozess wird dem Kind vermittelt, wie seine Aktionen und Fragen von seinem sozialen Umfeld bewertet werden. Diese Information wiederum ist für die Einbindung in das soziokulturelle Umfeld und alle damit verbundenen Lernprozesse von herausragender Bedeutung. Dieser Aspekt des Ko-Agierens spielt durchaus auch in der Kindertageseinrichtung eine bedeutsame Rolle. In Einrichtungen, in denen Säuglinge und Kleinstkinder betreut werden, kommen selbstredend pflegerische Aufgaben wie das Wickeln oder Füttern der Kinder zum Tragen. Solche ermöglichen Momente intensiver Nähe und können von Erzieherinnen entsprechend gestaltet werden – durch Streicheln, durch andere Formen von Körperkontakt, durch aktive Zuwendung in Form von Gesprächen und oben benannten Wechselspielen. Über diesen Weg kann das Kind auch bei den dort tätigen pädagogischen Fachkräften Sicherheit und Geborgenheit finden. Es kann Vertrauen bilden und auch eine von ihnen als enge Bezugsperson erleben. Darin liegen nicht nur große Chancen für die gesunde Entwicklung von sicherer Bindung und Grundvertrauen. Es bereichert darüber hinaus die pädagogische Arbeit um einen bedeutsamen Aspekt, der sich mit den etwas älteren Kindern nicht mehr in der Form darstellt.

Die ursprüngliche Situation, in der die primäre Bezugsperson und das Kind in einer emotionalen Einheit aufeinander bezogen handeln, hinsichtlich ihrer Aufmerksamkeit und ihren Gefühlen, wird *Intersubjektivität* genannt. In diesem Aufeinander-bezogen-Sein werden die Erregung von Aufmerksamkeit bzw. die Nähe und Distanz zwischen den zwei Personen koordiniert und kontrolliert. Dies geschieht beim heranwachsenden Säugling zunächst mit der Mutter, später mit weiteren engeren Bezugspersonen und in der Kleinkindphase schließlich auch mit Gleichaltrigen. (Nebenbei sei erwähnt: In dieser tiefen Erfahrung von emotionaler Einheit begründet sich im Verlauf des Lebens unter anderem die Fähigkeit zu lieben.) Mit der sich verändernden emotionalen Einheit mit der primären Bezugsperson verändert sich gleichzeitig auch das gegenseitige Aufeinander-bezogen-Sein.

Zwar treten die tiefen Erfahrungen von Nähe, Ähnlichkeit und Verbundenheit immer mehr in den Hintergrund und in Erinnerung, können jedoch das ganze Leben über bei hoher Erregung (wie in Situationen von Angst, Verunsicherung oder Veränderungen) wieder ins Bewusstsein und die Erinnerung geholt werden. Damit sind sie Basis für die Bewältigung von traurigen, erschütternden oder bedrohlichen Lebenssituationen.

In der Kindertageseinrichtung muss sich das Kind häufig sehr komplexen zwischenmenschlichen Situationen stellen. Es möchte ein Gegenüber finden, das es nicht ärgert. Dazu benutzt es seinen Körper, seine Mimik und Gestik, um auszudrücken, wie es sich fühlt. In Situationen, in denen das Kind verärgert ist und um seine Unverwechselbarkeit ringt – über seine Gefühle kann es meist noch nicht sprechen – braucht es erwachsene Zeugen, die die Situation erkennen und begleitende Worte äußern. Neben der Vermittlung von Verständnis und Beistand findet über diesen Weg auch gleichzeitig Sprachentwicklung statt. In dem Moment, in dem Worte und ein Gespräch das körperliche Tun und das Loswerden von Anspannung ersetzen, steht Sprache als Symbol für das Erleben, für die Bedingungen der Situation oder des Augenblicks. Sprechen muss für das Kind sinnvoll werden. Und das wird es am ehesten in der entsprechenden Situation. Kinder begreifen Sprache vor allem dann als sinnvoll, wenn z. B. ein gemeinsames Spiel mit einem Gespräch begleitet wird.

Zum Erfassen und Begreifen von Sprache zählt für das heranwachsende Kind demnach insbesondere die Interaktion und die dabei erlebte Emotion. Im späteren Verlauf seiner Entwicklung kann es dann auch abstrakte Äußerungen verstehen, interpretieren und selbst abstrakt formulieren. Es kann über Dinge sprechen, die aktuell nicht erlebt werden. Es kann zunehmend gedanklich konstruieren. Es vollzieht sich eine Entwicklung seines Denkvermögens.

Mit zunehmendem Alter des Kindes und erweiterten Möglichkeiten zur Erkundung seiner Lebenswelt sind für das Kind nicht nur interessante Gegenstände und Spielmöglichkeiten – und somit seine Beziehung zu diesen Dingen – relevant, sondern auch das, was die Beziehung zu anderen Menschen und das Erleben schützender Gemeinschaft an Freude und Erregung ausmacht.

Doch geht nicht gerade im pädagogischen Alltag die intuitive, teilnehmende Freude und Begeisterung der Erzieherin über die Leistungen eines Kindes oft verloren? Steht nicht vielmehr häufig die Ernsthaftigkeit von Förderung im Vordergrund? Diese so wichtige Maxime als Aufgabe der Erzieherin, ganz bei einem Kind und seinem inneren Erleben zu sein und es nicht nur flüchtig zu loben, wird bei älteren Kindern kaum (mehr) bedacht.

Oder wie ist es gar, wenn ein Kind mit einem anderen Kind verglichen wird oder am Beispiel der Leistungen anderer Kinder motiviert werden soll („Siehst du, Patrick kann auch schon von ganz oben von der Rutsche rutschen. Du schaffst das auch!“)? Solch eine Ansprache setzt das Kind unter Stress. In seinem Erleben wird es scheinbar mit einem anderen Kind oder sogar mit dem Erwachsenen verwechselt oder dazu aufgefordert, sich mit einem anderen Kind zu verwechseln. In solchen Momenten gerät etwas von der ganz besonderen, fast intimen Situation von Mut, Wagnis und Risiko, in der es nur sich selbst spürt und ausprobiert, in einen negativen Bereich. Wie viel wichtiger ist es doch, in Augenblicken, in denen Kinder etwas wagen, sie in spannungsregulierende Gesprächssituationen zu bringen. Dadurch können sie sich an ihre Fähigkeiten und Erfahrungen erinnern und sich ihrer Unverwechselbarkeit über den Weg der sprachlichen Verbundenheit mit der es begleitenden Bezugsperson bewusst werden.

Oftmals ermöglicht ein überfüllter Kindergartenraum keine Erfahrungen von Intimität, kein Erleben von eigenem Schaffen. Damit werden die Möglichkeiten an zwischenmenschlichen Begegnungen, sei es zwischen Kindern untereinander oder zwischen Kindern und Erwachsenen, ausgedünnt. Es entstehen häufig Spannungen. Erzieherinnen stehen dabei selbst oft unter Spannung und haben das Gefühl, keinen Überblick mehr über die Lage der Kinder bzw. der Gruppe zu haben. (Zu große Gruppenstärken bei entsprechend niedrigem Personalstand erschweren dies unüberwindbar.) Somit können enorme Potenziale an Übererregung oder Leere entstehen, die für Kinder tatsächlich schädlich sein können.

Das bedeutet für die Gestaltung des pädagogischen Alltags: Zeit und Raum für individuelle und in oben genanntem Sinne „intime“ Begegnungen mit dem einzelnen Kind zu reservieren oder erst zu schaffen. Es heißt: sich Zeit zu nehmen für verbale und emotionale Bestätigung kindlicher Leistung und für Verbalisierung des eigenen Tuns wie die des Kindes. Zeit für Interaktion und Kommunikation, denn dadurch lebt Beziehung, die Beziehung zwischen der Erzieherin als Bezugs-, vielleicht sogar als Bindungsperson und dem Kind sowie Beziehungen zwischen

Kindern. Diese sind schließlich ein hervorragendes Milieu für nachhaltiges Lernen.

Erweiterte Möglichkeiten von Kommunikation

Bis hierher wurde die Bedeutung der verbalen Sprache und der nonverbalen Elemente wie Mimik, Gestik, Verhalten oder Reaktionstendenzen für die Beziehungsgestaltung und -prägung deutlich. Wie aber können die Kommunikationsmöglichkeiten von Kindern noch umfassender unterstützt und gefördert werden?

In unserem Kulturkreis, wie in vielen anderen auch, setzen wir vor allem auf die rationale Sprache als Kommunikationsinstrument. Nun wird selbst über die sprachliche Kommunikation ein bedeutender Teil von Informationen über Gestik, Mimik und Intonation vermittelt. Darüber hinaus lassen sich Informationen jedoch auch über bildnerische, tänzerische und weitere darstellende Ausdrucksformen transportieren, die sich in der rationalen Sprache nur sehr schwer ausdrücken und beschreiben lassen. Selbst Experten aus der Neurobiologie behaupten, „dass alle Kinder mit dem Angebot kommen, diese nicht-rationalen Kommunikations- und Ausrucksmittel zu nutzen und dass alle Kinder über sie verfügen, dass wir diese aber zu wenig und wenn überhaupt, dann zu spät fördern und sie auf Kosten der Ausbildung der rationalen Sprache vernachlässigen oder gar unterdrücken“ (Singer 2003, S. 75). – Ein klares Votum für eine *ganzheitliche Förderung von Kommunikation* und Ausdruck.

Als weiteres nichtsprachliches Element von Kommunikation soll an der Stelle schließlich das bildnerische Gestalten näher beleuchtet werden. Kinder halten über das Malen und Zeichnen Eindrücke – insbesondere neue Eindrücke, die sie gesammelt haben – fest. Sie bringen ihre inneren Bilder über den Weg des Zeichnens in äußere Bilder. Daran kann der Erwachsene sehr gut ablesen, womit sich das Kind beschäftigt, womit es in Beziehung steht und wie es mit einer Sache, einem Gegenstand, einer Erfahrung in Beziehung steht. Er kann ablesen, welche Informationen das Kind gespeichert hat und welche ihm evtl. (noch) fehlen. Insbesondere gibt das darin lesbare Aufschlüsse darüber, wie das Kind derzeit in der Welt steht. Die Art der Gestaltung und des Zeichnens, im frühen Stadium auch des Kritzelns, sind Anzeiger des kindlichen Entwicklungsstadiums. Auch wenn die ersten Kritzelbilder und die Bilder, die sich noch während des Malprozesses verändern, für den Erwachsenen scheinbar nicht erkennen lassen, was das Kind gerade darstellen möchte, ist es umso bedeutungsvoller, dass er sich mit dem Kind darüber austauscht und ihm wach und interessiert zuhört, wenn es selbst seine Darstellung benennt, beschreibt oder interpretiert. Gerade diese Äußerungen geben wertvolle Aufschlüsse über seine innere Befindlichkeit, seine Sicht der Welt, seine Erfahrungen und seine Lerngeschichte. Sie prägen gleichzeitig aber auch die Beziehung zwischen Erwachsenem und Kind, das sich durch diese Aufmerksamkeit in seinem Tun und seinem Wissen bestätigt und angenommen fühlt.

Auch unter diesem Aspekt sollten Abläufe im Alltag der Kindertageseinrichtung überprüft werden. Wo findet genau das im Alltag statt? Wo wird gerade diesem Aspekt von Bestätigung der kindlichen Identität und der Beziehungspflege Raum gegeben und Pflicht beigemessen? Vielleicht sollten sich Erzieherinnen wieder mehr auf diese so wichtige Aufgabe besinnen. Der Aufmerksamkeit für das Kind, den Beobachtungsmöglichkeiten und der Beziehungspflege muss (wieder) mehr Zeit, Raum und Beachtung gegeben werden.

Die Erzieherin als verlässlicher Anker, Beobachterin und Entwicklungsbegleiterin

Die hier aufgeführten Aspekte aus der Entwicklungspsychologie ließen bereits erkennen, welche Rolle der Erzieherin zukommt und welch bedeutungsvolle Aufgabe sie im Bildungs- und Entwicklungsprozess des Kindes hat.

Im Rahmen von Bindungs- und Beziehungsgestaltung kann sie begleiten und unterstützen – und zwar das Kind, seine Eltern wie auch die Kinder untereinander. Dabei kommt ihr vor allem die Rolle des *verlässlichen Ankers* zu, der stets präsent und emotional verfügbar ist. Sie sollte dem Kind dabei stets wohlwollend, empathisch und vor allen Dingen berechenbar gegenübertreten. Verlässlicher Anker ist sie auch hinsichtlich der Entwicklung des Selbstwertes und der Identitätsbildung des Kindes. Sie sollte die Identität des Kindes anerkennen und es in dieser immer wieder bestätigen.

Auch in der Entwicklung emotionaler Kompetenz wirkt sie unterstützend und begleitend. Sie kann helfen, die Gefühle und Bedürfnisse des Kindes zu verstehen und zu benennen. Sie kann dem Kind helfen sich verständlich zu machen. Ebenso hilft sie ihm, mit Frustrationen umzugehen und kann es beruhigen.

Sie ist nicht alleine dem Kind gegenüber Interaktions- und Kommunikationspartner, sondern leitet auch unter den Kindern Interaktion und Kommunikation an. Damit trägt sie entscheidend zur Fähigkeit des Kindes bei, Beziehungen aufzubauen, zu gestalten und zu erhalten.

Eine besondere Verantwortung liegt darin, Vertrauen zu schaffen, Kindern wie Eltern gegenüber, was sich wiederum auf die gegenseitige Beziehung auswirkt. Sie legt damit in ihrem Rahmen den Grundstein für sichere Bindung und Beziehung des einzelnen Kindes und kann dadurch „Schwachstellen" im Familiensystem entgegenwirken oder sie gegebenenfalls zu Anteilen sogar ausgleichen.

Sie erkundet und beobachtet die Bindungserfahrungen des Kindes sowie seine Entwicklungsmöglichkeiten in den unterschiedlichsten Entwicklungsbereichen. Auch im Prozess des Spracherwerbs wirkt sie unterstützend ebenso wie im Ausbau der Kommunikationskompetenz – und das auf sehr vielschichtigen Ebenen.

Mit alldem kann sie maßgeblich auf die Ermöglichung von Bildung, Lernen und Entwicklung des Kindes einwirken. Die Erzieherin kann, wenn sie diese Rolle verantwortungsvoll annimmt und ausfüllt, das Kind (und manchmal auch seine Eltern) in wesentlichen Entwicklungsbereichen begleiten und unterstützen. Die Rolle der *Entwicklungsbegleiterin* drückt dabei vielleicht sogar etwas unzureichend aus, was sie im Alltag oftmals leistet oder leisten muss. Doch dem soll Genüge getan werden, wenn im Folgenden die Rollenvielfalt der Erzieherin noch detaillierter aufgeführt wird.

2.3 Aspekte der Kognitions- und Hirnforschung

In den letzten Jahren haben sich verschiedene Wissenschaftszweige etabliert, die als eine Erweiterung der bisherigen Grunddisziplinen Psychologie, Biologie, Chemie und Physik betrachtet werden können. Besonders populär wurden dabei die Forschungsgebiete der biologischen Psychologie bzw. der *kognitiven Neurowissenschaften*. Um Letztere soll es im Folgenden gehen. Doch bevor wir uns damit auseinander setzen, was die Theorie dieses Forschungsansatzes hinsichtlich Lernen und Beziehung aussagt, sollte zunächst eine kurze Darstellung der Strukturen, der Entwicklung und der Funktionsweise des menschlichen Gehirns erfolgen, um die aufgeführten Vorgänge besser zu verstehen.

Das Gehirn des Menschen verbraucht etwas mehr als 20 Prozent der Energie des gesamten Körpers. Es macht mit ca. 1,4 Kilogramm etwa zwei Prozent des Körpergewichts aus. Im Wesentlichen besteht es aus Nervenzellen (Neuronen) sowie aus Faserverbindungen zwischen den Neuronen (Gliazellen). Diese bilden ein Versorgungs- und Stützgewebe für die Neuronen und nehmen auch an der neuronalen Erregungsarbeit teil. Im menschlichen Gehirn gibt es etwa 100 verschiedene Typen von Neuronen, die in ihrer Gestalt sehr verschieden sind. Jedes Neuron besitzt einen langen Fortsatz, das Axon, an den sich baumartige und weite Verzweigungen (Dendriten) anschließen. Sowohl an den Dendriten als auch am Zellkörper des Neurons enden die Axone anderer Neuronen mit den verknüpfenden Endknöpfchen (Synapsen). Die einzelnen Nervenzellen sind durch Synapsen vielfältig miteinander verbunden, sodass sich daraus ein breit verzweigtes neuronales Netz aufbaut (vgl. Beck 2003).

In diesen Nervenzellen und neuronalen Netzen ist letztlich alles gespeichert, was wir an Verhaltens-, Denk- und Handlungsmustern benötigen. Das Netz selbst besteht aus 60 bis 100 Milliarden Neuronen, wobei die Zahl schwankt. Jedes für sich ist wiederum mit bis zu 10.000 anderen Neuronen verbunden.

Wie funktioniert Lernen?

Mit jedem Wahrnehmungs- und Verarbeitungsvorgang entstehen in den jeweils beteiligten neuronalen Strukturen des Gehirns Ladungsprozesse. Gleiche Inputs und Verarbeitungsprozesse führen dazu, dass gleiche Zellverbände angesprochen und entwickelt werden. Die Neuronen stellen sich sozusagen immer besser auf bestimmte Inputsignale ein, allerdings nur dann, wenn diese Inputsignale *Regelmäßigkeiten* und *Musterhaftes* aufweisen. Wären die Inputs immer wieder neu und verschieden, so könnte nicht gelernt werden. Wichtig ist bei diesem Vorgang, dass nicht die Dauer eines Inputsignals entscheidend ist, sondern die *Häufigkeit*, mit der gleiche und ähnliche Inputs auf unsere Neuronen einwirken.

Treten Muster häufig auf bzw. werden häufig wahrgenommen, werden dabei umso mehr Repräsentanzstellen gebildet, die zu „neuronalen Landkarten" in unserem Gehirn führen (Spitzer 2000, S. 95 ff). Je mehr Repräsentanzstellen bestimmter Muster gebildet werden und je stärker ihr neuronales Potenzial ausgeprägt ist, desto größer ist die Wahrscheinlichkeit, dass diese Muster wieder erinnert werden. Sie können dann für weitere Verarbeitungsprozesse genutzt werden. Wir erinnern bei diesem Vorgang jedoch nicht unbedingt die eigentlichen Erfahrungen oder Zusammenhänge, sondern die in unserem Gehirn gespeicherten Formen ihrer Verarbeitung. Das Gehirn muss bei dem Erschließen des Erfahrenen und Gelernten zwei Aufgaben bewältigen: Wichtiges von Unwichtigem zu unterscheiden und Kategorien zu bilden. Es unterscheidet dabei nach *Sinn, Bedeutung* und *Relevanz.* Wir lernen also nur das, was Sinn macht, was (für uns) Struktur aufweist oder Bedeutung (für uns) hat.

Jede einzelne Erfahrung wird im Hippocampus, einem Bereich im Zentralhirn, registriert, gespeichert und an die Großhirnrinde (Kortex) weitergegeben. Dort werden diese Erfahrungen zusammengefasst, mit anderen Einzelerfahrungen abstrahiert und endgültig abgespeichert. Der Hippocampus ist notwendig, um Neues dauerhaft im Gehirn zu verankern. Er ist von überragender Bedeutung für unsere Lern- und Verarbeitungsprozesse. Er gilt quasi als „Neuigkeitendetektor“, indem er „alt, bekannt, unwichtig, unbedeutend, uninteressant“ wie auch „neu, unbekannt, wichtig, bedeutsam und interessant“ unterscheidet. Er nimmt Fakten, Ereignisse und Neuigkeiten bewusst wahr und verarbeitet sie. Schließlich überführt er wichtige Ereignisse und Zusammenhänge in langfristige Speicherstrukturen. Er leitet das an den Kortex weiter, was er selbst als wichtig und bedeutsam gespeichert hat.

Beim Lernen kommt es darauf an, die Zahl der Synapsen im Gehirn zu vermehren und die Vernetzung im Gehirn zu vergrößern. Damit erlangt der Mensch die Voraussetzung, mehr und neue Informationen zueinander in Beziehung zu setzen, Ähnlichkeiten festzustellen, Verwandtes zu vergleichen und Parallelen zwischen Informationen herzustellen.

Lernen ist demzufolge ein konstruktiver Akt, in dem möglichst selbstständig Wissen aus Vorwissen und angebotenen Informationen erworben werden kann. Lernen stellt einen subjektiven Vorgang mit individuellen Zugängen und individuellen Verknüpfungen mit den bestehenden neuronalen Landkarten dar. Somit kann Lernen als ein individueller, dynamischer und selbstaktiver Aufbau von Strukturen des Denkens, Fühlens, Wollens und Könnens beschrieben werden.

Die Großhirnrinde erweist sich als extrem anpassungsfähige Struktur, die sich zugleich ständig selbst optimiert. Das Gehirn hat demzufolge die Fähigkeit, sich beständig den Erfordernissen seines Gebrauchs anzupassen. Diese Eigenschaft nennt man *Neuroplastizität.* Eine frühere Auffassung besagte, unsere neuronalen Netze, und nicht die Großhirnrinde, seien plastisch und ließen sich bis ins hohe Alter verändern und weiterentwickeln. Das steht den heutigen Erkenntnissen der Plastizität der Großhirnrinde gegenüber.

Lernen durch Tun

Kinder lernen am besten dadurch, dass sie etwas tun, und zwar immer wieder, in den unterschiedlichsten Kontexten und mit den verschiedensten Menschen. Sie lernen dann am besten, wenn sie selbst tätig sind, wenn sie handeln. Dieses Handeln sollte möglichst ein Verfolgen von selbst gesetzten Zielen sein, was sich stark von dem bloßen Reagieren auf bestimmte Sinnesreize unterscheidet. In diesem Zusammenhang kommt die kindliche Neugierde zum Tragen, die jedem Kind von Geburt an mitgegeben ist und die sich schon früh durch sein Explorationsstreben zeigt. Wenn dieser Neugierde nachgegangen werden kann, bedeutet dies eine unerschöpfliche Ressource im Lernprozess des Kindes. Daher sollten Lernangebote durch außergewöhnliche Aspekte und situative Besonderheiten die Aufmerksamkeit des Kindes erzielen. Denn nur, wenn der Hippocampus ausreichend angeregt wird, wird er stimuliert, Informationen zu speichern und an den Kortex weiterzuleiten.

Lernarrangements und Lernumgebung müssen demnach vielfältig gestaltet sein und derart, dass das Kind möglichst viel selbst ausprobieren kann. Das Kind muss in den aktiven Dialog mit seiner Umwelt treten. Sobald das Kind seine Lernumgebung selbst organisieren kann, ist es fähig, seine eigene Denkstruktur individuell zu konstruieren.

Das bedeutet: Lernarrangements sollten einen hohen Grad an *Selbstorganisation* aufweisen.

Ebenso sollten Lerngegenstände vielfältige Zugänge besitzen. Das heißt, sie sollten möglichst mit allen Sinnen erfahrbar sein. Sie sollten kognitive und emotionale Verarbeitungsformen sowie solche, die über mehrere Kanäle erfolgen, miteinander kombinieren. Da Sinn und Bedeutung individuell variieren können, ist es wichtig unterschiedlich strukturierte Sinnes-Angebote herzustellen.

Durch das eigenständige Auseinandersetzen mit dem Lerngegenstand und dem Verarbeiten der Lernanreize erwirbt das Kind Selbst-, Sozial-, Sach- und Handlungskompetenz. Kommt in dieses Geschehen das Verbalisieren des Tuns, des Gelernten und der Lernwege hinzu, kann somit auch die Sprachkompetenz erweitert werden.

Lernen durch Strukturen und Muster

Lerninhalte sollten immer in Zusammenhang mit anderen Inhalten gebracht werden. Nur dann machen sie Sinn. Strukturen bzw. Muster werden dabei langsam erworben. Die Inputs müssen so lange konstant angeboten oder auch gehalten werden, bis ein Lernvorgang abgeschlossen ist. Wenn stabile Repräsentations- und Behaltensmuster aufgebaut sind, können diese die Übertragbarkeit in unser Langzeitgedächtnis erleichtern. Das Fehlen von grundlegenden Informationen wie Begriffen, basalen Handlungsverläufen und deren Verknüpfung in Zusammenhänge, das Fehlen von Strukturen also, wirkt sich negativ auf den Lernprozess aus. Zu viel Faktenwissen und sonstige Reizüberflutung wirkt auf das Gehirn kontraproduktiv. Im Gegenteil, es muss sich gleichsam vor einer Flut von Datenmüll schützen. Schließlich muss es vor allem die beiden Aufgaben leisten, Wichtiges von Unwichtigem zu unterscheiden und Kategorien zu bilden. Dabei muss jede neue Information einen sinnvollen Platz im bereits vorhandenen Wissen einnehmen und sich entsprechend damit vernetzen.

Lernen durch Übung

Nur wenn gelernte Zusammenhänge immer wieder erfahrbar sind und angewendet werden, gehen sie vom flüchtigen *Wissen* im Arbeitsgedächtnis in *Können* über. Dieses kann jederzeit wieder aktualisiert werden. Wichtige Inhalte müssen demnach immer wieder gelernt und das Begriffene muss immer wieder angewendet werden. Nur so wird das Kind sicher. Im Rahmen der neuronalen Vernetzung werden immer wieder neue Strukturen herausgebildet oder die eingehenden Impulse werden mit den bereits vorhandenen Strukturen vernetzt. In der pädagogischen Arbeit kann dies zum einen dadurch unterstützt werden, dass Bekanntes immer wieder angesprochen und damit erneut in den Aufmerksamkeitshorizont gebracht wird. Zum anderen ermöglichen insbesondere frei zugängliche Arbeits-, Spiel- und

Experimentiermaterialien dieses Wiederholen und Üben. Kinder wiederholen von sich aus gerne neu Gelerntes. Darüber hinaus ist es für die Erzieherin ein Leichtes, das Kind zum Üben oder Wiederholen einer als freudig erlebten Lernerfahrung zu motivieren oder es gar dabei zu begleiten. Nicht umsonst heißt es „Übung macht den Meister".

Lernen im Schlaf

Informationen für das Gehirn zerfallen oder werden überlagert, wenn Inputs zu schnell aufeinander folgen und keine Möglichkeit des Datentransfers gegeben ist. Erfahrungsdaten müssen nämlich vom Kurzzeit- ins Langzeitgedächtnis transferiert werden. Eine wesentliche Voraussetzung für nachhaltiges und gelingendes Lernen ist daher ungestörter und ausreichender Schlaf. Immer dann, wenn der Hippocampus etwas vorläufig gelernt hat, wird das Gelernte anschließend im Tiefschlaf zum Kortex übertragen (Spitzer 2002). Das weiterleitende sowie das aus- und bewertende Gedächtnis werden also im Schlaf gesichert. Bildlich ausgedrückt könnte es so beschrieben werden: Die Neuronen brauchen Pausen, damit sie noch wissen, was sie speichern sollen. Denn Inhalte, die auf Dauer in unserem Gehirn gespeichert werden sollen, erfordern einen grundlegenden Umbauprozess an den Nervenzellen und brauchen Zeit und ausreichende Ruhephasen zwischen den Informations- und damit Verarbeitungsschüben.

Lernen von Neuem als Lustgewinn

Nachgewiesenermaßen wird beim Erlernen von Neuem oder auch bei „Aha"-Erlebnissen ein Glücksbotenstoff ausgeschüttet, Dopamin, ein körpereigenes Opiat. Wir erleben also Glücksgefühle, wenn wir etwas Neues lernen. Da Dopamin neben anderen Hormonen wie Noradrenalin die Aufmerksamkeit steuert, macht es uns in diesem Moment Lust auf mehr. Damit lassen sich auch die Zusammenhänge intrinsischer Motivation erklären.

Offensichtlich bereitet insbesondere das selbstständige Finden von Lösungen große Lust. Der Glücksbotenstoff Dopamin wirkt in diesem Moment wie eine Selbstbelohnung. Das Lustgefühl, das es erzeugt, wirkt nachhaltiger als jede Belohnung von außen.

Für die pädagogische Arbeit heißt das, Kinder möglichst viel zum eigenen Problemlösen anzuregen, Rahmenbedingungen zu schaffen, die Neugierde schaffen und die die Selbstorganisation von Lernprozessen ermöglichen – durch entsprechendes Materialangebot, durch Forscher- und Experimentierecken, durch Ausflüge und Expeditionen etc. Vor allem sollte dem Kind genügend Raum und Zeit zugestanden werden, sein Lernen selbst zu organisieren, seinem Lustprinzip mit Ruhe und Konzentration und gemäß seinem individuellen Tempo nachzugehen.

Lernen in sicheren Beziehungen

Hirnforscher haben nachgewiesen, dass sichere emotionale Bindungsbeziehungen eine wesentliche Voraussetzung für eine optimale Hirnentwicklung sind. Störungen dieser emotionalen Beziehungen stellen für das Kind eine kaum zu bewältigende Belastung dar und wirken destabilisierend auf bereits entstandene neuronale Verschaltungen. Dies lässt sich folgendermaßen erklären: Gerät das Kind in Stress – durch Angst, bedrohliche Situationen oder Unsicherheit – werden Stresshormone (wie etwa Cortisol) ausgeschüttet. Diese können dann nicht angemessen abgebaut werden, insbesondere wenn dies fortwährend bzw. in häufigen Abständen geschieht. Die Verfestigung der Nervenschaltung im Gehirn, die gerade in der frühen Entwicklung rasant abläuft, wird somit nachhaltig gebremst, denn Cortisol beeinträchtigt die Funktion des Hippocampus. Angsterfahrungen und Druck sind für das Lernen demnach absolut kontraproduktiv.

Ein stets beruhigtes, sicher gebundenes Kind muss sich nicht mit Stressbewältigung abmühen. Es hat den Kopf und all seine Sinneskanäle frei, um die Welt um es herum zu erkunden. – In diesem Zusammenhang sei hier auf den Umgang mit Fehlern bzw. unsere Fehlerkultur hingewiesen. Inwieweit machen wir uns bewusst, welche Konsequenzen Strafe, Angst vor Bestrafung oder Liebesentzug (auch durch die Erzieherin oder den Lehrer) in diesem Zusammenhang nach sich ziehen können?

Beruhigen kann hier die Erkenntnis, dass eine feste, sichere Bindung ebenso in Kindertageseinrichtungen oder sonstigen pädagogischen Einrichtungen aufgebaut werden kann. Eine solche ist in der Lage, Nachteile und Belastungen auszugleichen und zu einer Stabilität frühkindlicher Bindung beizutragen. – Wenn auch hier wieder die Bedeutung der sicheren Bindung betont wird, muss für die pädagogische Praxis als Schlussfolgerung abgeleitet werden, dass in Kindertageseinrichtungen, insbesondere in Kinderkrippen, ein höherer Personalschlüssel unerlässlich ist.

> *„Bei keinem anderen Lebewesen ist die Hirnentwicklung derart stark von der sozialen, emotionalen und intellektuellen Kompetenz der erwachsenen Bezugsperson abhängig wie beim Menschen. Das bedeutet vereinfacht: Wo Kindern das gute Vorbild fehlt, können sie sich nicht richtig entwickeln. Sie lernen nicht all das, wozu sie fähig wären.“* (Mogge/Hüther 2003)

Lernen kann umso gedächtniswirksamer werden, wenn während der frühkindlichen Entwicklung – aber auch noch später im Schulalter – für emotionale Lernchancen und für ein gutes Lernsetting gesorgt wird. Dazu zählen gute soziale Bedingungen, am besten in einer ausgewogenen und harmonischen Gemeinschaft der Lernenden und Lehrenden bzw. Erziehenden und zu Erziehenden. Positive emotionale Erregungszustände wirken sich positiv auf Lernen, Behaltungsleistungen und Aktualisierung von Gedächtnisinhalten aus, ebenso auf die Nutzung von Leistungspotenzialen. Ohne Emotion kann keine Kognition erfolgen.

Lernfenster als Chancen

Verschiedene Bereiche der Hirnrinde entwickeln sich unterschiedlich schnell. Das zeigt sich in der aufeinander folgenden Ausreifung kognitiver Leistungen. Das Gehirn braucht in den verschiedenen Phasen unterschiedliche Informationen aus der Umwelt, damit seine Entwicklung optimal verlaufen kann. Elementare Verschaltungen sind schon früh entwickelt. So sind von Geburt an die Regulierung des Herz-Kreislaufsystems sowie die der Atmung voll funktionstüchtig. Diese sind im Stammhirnbereich angesiedelt. Im Bereich der Großhirnrinde liegen dagegen unterschiedliche Wahrnehmungsfunktionen vor, die je nach Entwicklungsalter unterschiedlich ausgeprägt werden können. Man spricht dabei jeweils von *kritischen* oder *sensiblen Phasen.* In dieser biologischen Determination liegen bedeutungsvolle Chancen. Wenn nämlich genau der kindliche Entwicklungsbereich gefördert werden kann, der jeweils gerade besonders empfänglich ist, können sich die damit gespeisten neuronalen Vernetzungen optimal ausgestalten. So stellte man fest, dass z. B. im Bereich des kognitiven Spracherwerbs das Erlernen der Erstsprache mühelos gelingt, „wenn die Interaktionen mit einer sprachkompetenten Umwelt im richtigen Zeitfenster erfolgen, also während der ersten Lebensjahre“ (Singer 2003, S. 71). Alle weiteren Sprachen, die meist erst ab dem Schulalter angeboten werden, können nur viel schwerer und ganz anders als die Erstsprache gelernt werden. Die Zweitsprache erreicht nur selten die Perfektion der Erstsprache.

Ebenso gibt es sensible Entwicklungsphasen für den Erwerb motorischer Fertigkeiten. So können z. B. Erwachsene, die erst spät das Fahrrad fahren gelernt haben, sich wesentlich schwerer im Sattel halten als Kinder, die das bereits in frühen Jahren konnten. Ähnlich ist es mit dem Erlernen eines Musikinstrumentes. Es gibt sogar Hinweise darauf, dass gewisse soziale Kompetenzen und geschlechtsspezifische Verhaltensweisen früh eingeprägt werden und später nur noch schwer – wenn überhaupt – veränderbar sind. Die Hirnentwicklung vollzieht sich bis zum Abschluss der Pubertät. Wegen der späten Ausreifung des Präfrontalhirns gibt es noch späte sensible Entwicklungsphasen.

Welche Konsequenzen hat das für die Erziehung und für Lernen? Wenn die sensiblen Phasen für die Ausbildung verschiedener Gehirnfunktionen zeitlich gestaffelt sind, führt das zu der Notwendigkeit, dass zur rechten Zeit das Richtige angeboten werden oder verfügbar sein muss. Die Lernumgebung sollte deshalb entsprechend anregungsreich gestaltet sein. Umgekehrt ist es wenig sinnvoll, Entwicklungen forcieren zu wollen. Kinder nehmen aufgezwungene Angebote nicht an. Sie haben es vielmehr schwer, in solchen Situationen das für sie Wichtige herauszufinden bzw. müssen viel Zeit mit der Abwehr der Situation verbringen.

Trotz umfassender Forschungsbemühungen stehen bislang immer noch grundlegende Aussagen bedeutsamer Hirnforscher denen anderer Kognitionsforscher gegenüber.

Beck stellt in diesem Kontext folgende Theorie auf, in direkter Anlehnung an Spitzer und Singer (alle drei gelten als Experten im Bereich der Hirnforschung): In der Entwicklung jedes Menschen gibt es so genannte „sensible Zeitfenster“, die nur für eine Weile offen stehen. In diesen Fenstern oder auch günstigen Lernphasen wird nach funktionellen Kriterien entschieden, welche Gehirnverbindungen übrig bleiben und welche wieder eingeschmolzen und damit für immer geschlossen werden. Das würde bedeuten: Wenn innerhalb dieser Zeitfenster entsprechende Möglichkeiten nicht genutzt würden, wären für immer die Chancen, diese Lerninhalte aufzunehmen und langfristig zu speichern, vertan. Denn: Was geschieht im Gehirn, wenn entsprechende Signale ausbleiben, die während der entsprechenden sensiblen Entwicklungsphasen benötigt werden? „Die Nervenzellen schrumpfen, ihre Dendriten (…) bilden weniger Verzweigungen aus und die Zahl der Synapsen zwischen den Nervenzellen nimmt dramatisch ab.“ (Singer 2003, S. 72). Wenn eine bestimmte Funktion nicht trainiert oder gebraucht wird, kann sich sogar die Fläche der für diese Funktion zur Verfügung gestellten Bereiche der Großhirnrinde verringern *(Deprivation)*. Durch intensives *Training* oder besondere Ausrichtung auf bestimmte Sinnesreize kann umgekehrt jedoch eine Überrepräsentation einer bestimmten Funktion in der Großhirnrinde bewirkt werden. Die Zahl der Nervenzellen nimmt dabei zu. Ob dies auf Kosten anderer Nervenzellen geschieht, ist unbekannt.

Die Kognitionsforscherin Stern dagegen sieht die aus der Hirnforschung abgeleiteten Ergebnisse als recht allgemein an. Ihrer Auffassung nach ist auf Grund dieser Ergebnisse zu befürchten, dass sie „einer Willkür in der (insbesondere) schulischen Praxis Tür und Tor öffnen" (Stern 2003).

Sie räumt zwar ein, dass Kinder insbesondere in den frühen Lebensjahren z. B. im Bereich der Alltagssprache besonders lernbereit seien. Dies spräche jedoch nicht für eine allgemeine Lernfähigkeit im Kindesalter. Nach ihrem Verständnis spricht vieles eher dagegen, denn das kindliche Gehirn scheint eher auf die Abwehr von zu großer Komplexität als auf das Aufsaugen von einzelnen Informationen gerichtet zu sein. Stern betont vielmehr, dass Menschen immerzu lernen. Lernvorgänge gehen zwar mit chemischen Vorgängen im Gehirn einher, jedoch habe die Natur die Menschen unterschiedlich darauf vorbereitet.

Führt man sich vor Augen, dass Kinder heute binnen eines Jahrzehnts Wissen erwerben müssen, für dessen Entwicklung die Menschheit Jahrhunderte, wenn nicht Jahrtausende gebraucht hat, kann dies im Grunde nur gelingen, wenn diese frühen Lebens- und Lernjahre effizient genutzt werden. Dies kann allerdings nur über geeignete Lernmethoden und Lernarrangements in entsprechender Lernatmosphäre geschehen und nicht über ein Überangebot von Wissensinstruktionen – sowohl im Elementarbereich wie in der Schule.

Ein vereinfachtes Fazit dieser zuweilen konträren Einsichten und Postulate kann an dieser Stelle lauten: Die Zeit der frühen

Kindheit sollte unbedingt für das Lernen genutzt werden. Wichtig ist dabei allerdings: auf eine Art und Weise, die dem kindlichen Lernen förderlich ist.

Die Erzieherin als Impulsgeberin und Gestalterin von Lernarrangements und Lernumgebung

Kinder kommen zwar mit unterschiedlichen Anlagen und Prädispositionen zur Welt, doch ihre Fähigkciten zu lernen entwickeln sich eindeutig in Abhängigkeit von den menschlichen Beziehungen zu Eltern, Freunden, Erzieherinnen und Lehrern.

Umgekehrt kann auch das emotionale Band zwischen Kind und Erwachsenem genutzt werden, um mit *Lernimpulsen*, Forderungen oder Herausforderungen an Kinder heranzutreten. Es ist schließlich für das Kind auch etwas Großartiges, wenn es etwas leisten kann, das jemandem gefällt, dem es gefallen möchte. In diesem Augenblick werden im Gehirn viele positive Botenstoffe ausgeschüttet.

Grundsätzlich sollte in Lernangeboten und *Lernarrangements* für emotionale Zugänge gesorgt werden. Hier spielt zum einen der Aspekt des Neuen an Lerngegenstand und -inhalt eine Rolle. Andererseits müssen die *emotionalen Selbstkonzepte* der Kinder beobachtet, richtig eingeordnet und es muss ihnen Rechnung getragen werden. Das kann konkret bedeuten, dass auf das Lernangebot Einfluss nimmt, was das Kind gerne mag, was es interessiert, was es sich zutraut, worauf es stolz ist, das es schon kann und was es herausfordert. Umgekehrt bedeutet es mit dem Lernangebot das zu meiden, was das Kind langweilt, was es nicht interessiert oder wovor es sich vielleicht sogar fürchtet.

Das bezieht sich nicht nur auf die Inhalte von Lernangeboten, sondern auch auf *Lernmethoden*, vorgegebene oder frei wählbare. Mit geeigneten Lernmethoden lassen sich nicht nur die Lernfreude und -motivation unterstützen, sondern gewiss auch in gleichem Maße selbstständige Lernprozesse. Lernen soll als Anregung zum Selbstlernen, zum Konstruieren, Rekonstruieren, Hinterfragen, Überprüfen und Weiterentwickeln von Wirklichkeit möglich sein. Es soll eine Vielfalt von Lernwegen ermöglichen. Lernen soll vor allem als individueller Prozess verstanden, ermöglicht und akzeptiert werden. Ebenso ist Lernen immer auch ein emotional affektiver Prozess.

Daraus wird sehr gut ein weiteres Rollen- und Aufgabenspektrum der Erzieherin deutlich: Sie muss für hinreichende und angemessene Lernimpulse wie auch für gezielte Lernangebote und bewusst gestaltete Lernumgebung und Lernarrangements sorgen, die Lernen in geschützter und lernfreudiger Atmosphäre erlauben.

Wenn wir an der Stelle zusammenfassen, welchen Einfluss Beziehung auf das Lernen hat, ist eindeutig festzuhalten: Emotional sichere und verlässliche Bindungsbeziehungen sind für das Lernen aus neurodidaktischer wie aus pädagogischer und psychologischer Sicht von enormer Bedeutung.

Demzufolge kommt den Lehrenden und Erziehenden eine ganz herausragende Rolle zu. Da sich zunehmend abzeichnet, dass in unserer Gesellschaft immer mehr Beziehungen verarmen, brüchig werden und sich im Zusammenhang mit verschiedenen Lebensumständen unsicher gestalten, kommt diesem Aspekt, wenn nicht sogar den pädagogischen Fachkräften, eine immer bedeutsamere Rolle zu.

2.4 Dimension der Erzieherinnenrolle für eine positive Entwicklung

In den bisherigen Darstellungen wurde die Rollenvielfalt der Erzieherin in heutigen Bildungs- und Erziehungssystemen sehr deutlich. Sie soll an der Stelle noch einmal in ihrem gesamten Spektrum aufgeführt werden.

Die Erzieherin ist *Kooperationspartnerin und Initiatorin von Konstruktionsprozessen.* Das setzt voraus, dass sie sich mit den neuesten Erkenntnissen darüber, wie Bildungs- und Lernprozesse verlaufen, wie der Mensch und insbesondere das Kind lernt, auseinander setzt und ebenso damit, welche Aufgabe sie innerhalb dieser Prozesse zu erfüllen hat.

Die Erzieherin ist *verlässlicher Anker, Beobachterin und Entwicklungsbegleiterin.* Innerhalb dieser Funktion muss sie sich zunächst mit wesentlichen Elementen aus der Entwicklungspsychologie und innerhalb dieser insbesondere mit den Bindungstheorien auseinander setzen. Sie sollte zum einen fundiertes Wissen darüber besitzen, welche Entwicklungsthemen bei den von ihr betreuten Kindern anstehen. Zum anderen sollte sie dem Kind selbstverständlich als Bezugs- oder auch Bindungsperson zur Verfügung stehen. In diesem Kontext sollte sie sich verdeutlichen, welchen besonderen Auftrag sie durch die Gestaltung sicherer Bindungen und Beziehungen erfüllen und damit eine gute Basis für die weitere Bildung und Entwicklung des Kindes legen kann.

Die Erzieherin ist *Impulsgeberin und Gestalterin von Lernumgebung und Lernarrangements.* Auch hier wird die Notwendigkeit erkennbar, dass die Erzieherin über die neueren Kenntnisse aus Wissenschaft und Forschung verfügen sollte, hier spezifisch aus der Hirn- und Kognitionsforschung. Wenn sie weiß, wie sich die Entwicklung und Ausreifung des Gehirns vollzieht und wie auf neurobiologischer Ebene Voraussetzungen für Lernen geschaffen werden bzw. welche Bedingungen und Voraussetzungen dieses begünstigen, kann sie dafür nicht nur einen entsprechenden materiellen, räumlichen und zeitlichen Rahmen setzen. Sie kann auch gezielt Lernmethoden berücksichtigen, die ein effektives und nachhaltiges Lernen des Kindes unterstützen. Somit kann sie bewusster Lernprozesse initiieren und den Rahmen für Selbstbildung schaffen. Die Erzieherin kann in diesem Kontext als Bildungspartnerin zur Verfügung stehen, die einerseits Fragen beantwortet, entweder selbst oder in gemeinsamer Erkundung mit dem Kind. Sie sollte ebenso in

der Lage sein, Fragen so zu stellen, dass sie Kindern als Initialzündung für weitere eigenständige Denkprozesse dienen.

Die Erzieherin ist darüber hinaus *Anwalt des Kindes und Beraterin für Familien.* Daran wird die Notwendigkeit deutlich, dass Erzieherinnen in ihrem Alltag nicht nur pädagogische, sondern auch hinreichend psychologische Kompetenzen benötigen. Erzieherinnen brauchen den Mut, auf Unwegsamkeiten aufmerksam zu machen. Dies betrifft zum einen Belange, die das Kind und seine Familie angehen. Zum anderen bedeutet es, dass sie sich auch auf politisch-administrativer Ebene für die Rechte und das Wohl von Kindern einsetzen sollten. Institutionen der Kinder- und Jugendhilfe benötigen Rahmenbedingungen und Strukturen, die es ermöglichen, zum Wohl des Kindes zu arbeiten und eine gesunde Entwicklung des Kindes zu unterstützen.

Erzieherinnen sollten sich dieser Rollenvielfalt bewusst sein. Sie zeigt, auf wie vielen Ebenen sich ihre berufliche Aufgabe und ihr Auftrag bewegen. Dazu braucht es eine gute Ausbildung und Weiterqualifizierung von Fachpersonal. Vor allen Dingen erfordert es auch eine starke Erzieherinnenpersönlichkeit, die bereit ist, diese Aufgaben zu erfüllen. Erzieherinnen müssen bereit sein, die Verantwortung in den unterschiedlichen Dimensionen ihrer Rolle auszufüllen. Sie tragen schließlich eine hohe Verantwortung für die Bildungs- und Entwicklungsprozesse der Kinder von heute und somit für deren Chancen auf Lebensbewältigung in einer Gesellschaft von Morgen.

Wir benötigen dazu Personen, die ihre Aufgabe als Fachfrau für Erziehungsfragen ausfüllen, die über Kompetenz und Selbstbewusstsein verfügen. Erzieherinnen sollten sich als diejenigen sehen, die den familiären Bedingungen eine adäquate Ergänzung und Unterstützung bieten. Dazu muss es für sie selbstverständlich sein, das, was auf familiärer Ebene gegeben ist, anzuerkennen, es nicht zu bewerten oder abzuqualifizieren, sondern es als Ausgangsbasis und Ansatzpunkt für ihre eigene Aufgabe und ihr Wirken zu betrachten.

3 Bildungs- und Entwicklungsprozesse in gemeinsamer Verantwortung

Bildung und Erziehung findet schon längst nicht mehr im isolierten Schonraum Familie statt. Spätestens seit Friedrich Fröbel ging man den Weg der Institutionalisierung derselben – auf verschiedenen Wegen, mit unterschiedlichen Entwicklungen.

In allen pädagogischen Konstrukten und Handlungskonzepten findet sich der Auftrag wieder, das Kind für ein möglichst autonomes Leben in der jeweiligen Gesellschaft vorzubereiten und ihm das dafür Notwendige mit auf den Weg zu geben. Es soll zum einen für ein Leben in der Gesellschaft vorbereitet und zum anderen zu einem eigenständigen Menschen gebildet werden, der zum eigenen Wohle wie auch zum Wohl der Gesellschaft wirkt und gedeiht. Aus dieser Perspektive heraus haben schon immer Einrichtungen für Kinder und Jugendliche Verantwortung für Bildung und eine gesunde Entwicklung übernommen. Doch nicht allein Institutionen tragen eine solche Verantwortung. Trägt diese nicht zunächst einmal die Familie selbst und schlussendlich die Gesellschaft?

Hier soll es um die Frage gehen, wie weit Familien heute – und schließlich auch die Gesellschaft – in die gemeinsame Verantwortung für eine gesunde Entwicklung ihrer Kinder gehen und wie weit sie in eine solche einbezogen werden oder werden müssen.

3.1 Bildungs- und Erziehungspartnerschaft im Dreiklang Erzieherin – Kind – Eltern

Es liegt in der Verantwortung der Erzieherin, den Entwicklungsstand des Kindes in den unterschiedlichen Bereichen wahrzunehmen, sein es umgebendes familiäres Konstrukt sowie seine generelle Einbettung in Bindungs- und Beziehungsstrukturen zu erfassen und dies als Ausgangsbasis für ihr pädagogisches Handeln zu nehmen. Dies kann nur gelingen, wenn sie nicht alleine aus ihrer subjektiven Perspektive heraus beobachtet, analysiert, interpretiert und handelt. Vielmehr kann sie erst dann ein komplexeres oder vollständiges Bild vom Kind erlangen, wenn sie ihre Perspektive und ihre Handlungsansätze mit denen der Eltern austauscht und verhandelt.

Eine möglichst optimale Förderung von Kindern setzt eine pädagogische Haltung voraus, die die erzieherische Kompetenz, die elterliche und auch die des Kindes gleichermaßen beachtet und berücksichtigt. Dazu braucht es zunächst eine grundsätzliche Akzeptanz und Wertschätzung der elterlichen Perspektive und Handlungsmöglichkeiten. Erst, wenn die Erzieherin sich zwar als Fachfrau, jedoch nicht als das Nonplusultra im Bildungs- und Erziehungsprozess des Kindes sieht, können sich die Partner begegnen, die an diesem real beteiligt sind. Dabei ist ebenso das Kind zu berücksichtigen. Erzieherinnen sollten dem mit Respekt und Wertschätzung begegnen, was sich ihnen sowohl auf Eltern- wie auf Kindesseite darlegt. Auch Eltern haben ihre wohlbegründete Meinung zu ihrem Kind und seiner Entwicklung. Ebenso haben sie ihre eigenen Erwartungen an die Institution und an die Erzieherin. Doch erst wenn die Erzieherin diese kennt, kann sie dazu Stellung beziehen. Erst dann können jeweilige Aufgaben und Kompetenzen abgesteckt und geklärt werden.

Erste Grundlagen dazu können und sollten bereits im Aufnahmegespräch gelegt werden. Insbesondere hier ist die Gelegenheit gegeben zu erörtern, was die Institution und ihre Mitarbeiterinnen leisten können und möchten und umgekehrt, was sie von Eltern und Familien erwarten. Ebenso können bereits in den ersten Gesprächen mit Eltern sehr gut deren Sichtweise des Kindes und seiner Entwicklung erfragt werden. Auch können dadurch der elterliche Erziehungsstil wie auch das nähere Bezugssystem des Kindes erschlossen werden. Mit derartigen Gesprächen setzen Erzieherinnen Eltern gegenüber nicht nur ein Zeichen ihres Interesses an ihnen und ihrem Kind, sie legen darüber hinaus auch die Basis für wertvolles Vertrauen. Insbesondere kann hier die Botschaft vermittelt werden: „Nur gemeinsam geht's. – Ihr seid wichtig, für euer Kind wie auch für uns. Und ihr seid, ebenso wie wir, verantwortlich für das Gelingen des gemeinsamen Vorhabens von Bildung und Entwicklung."

Erst wenn Erzieherinnen die elterliche Kompetenz achten und wenn umgekehrt Eltern die erzieherische Kompetenz wertschätzen, kann das gelingen, was immer mehr gefordert wird und erforderlich ist: Erziehungspartnerschaft. Wenn dann noch die kindliche Kompetenz Beachtung findet, wenn das Kind nicht mit seinen Defiziten, sondern vielmehr mit seinen Ressourcen, seinen Selbstbildungspotenzialen sowie mit seinen Bedürfnissen und Bedürftigkeiten betrachtet und gewürdigt wird (die im Übrigen auch Eltern und Erzieherinnen haben), wird der Dreiklang geschaffen, der alle direkt am Bildungs- und Entwicklungsprozess beteiligten Partner einschließt und umfasst: Kind, Eltern und Erzieherin.

Dieser Austausch von Kompetenzen vollzieht sich dabei alltäglich, in jeglicher Begegnung der Beteiligten, seien dies Tür- und Angelgespräche, seien es Entwicklungsgespräche oder seien es auf anderer Ebene jegliche Begegnungen und Interaktionen mit dem Kind. Es geht um eine *dialogische Haltung* in einem Austausch gegenseitiger Kompetenzen. Entscheidend ist eine Haltung der Erzieherin, die sich durch Empathie, Wertschätzung und Akzeptanz sowohl dem Kind wie auch den Eltern gegenüber auszeichnet (im Übrigen Variabeln aus Rogers personenzentriertem Ansatz). Diese Haltung ist dann verinnerlicht, wenn die Erzieherin einsieht, dass sowohl die Eltern als auch das Kind selbst maßgebliche Eckpfeiler in dessen Entwicklungsprozess sind.

Dies ist in der Umsetzung gewiss nicht immer einfach. Schließlich ist die Erzieherin nur ein Faktor innerhalb dieses Dreiklangs. Es soll auch kein Idealbild geschaffen werden, welches im pädagogischen Alltag nicht zu realisieren wäre. Meine Erfahrung ist es jedoch, dass eine solche Haltung reziprok wirkt. Wenn Erzieherinnen Eltern mit Wohlwollen begegnen, wirkt das meistens auch auf deren Haltung ihnen gegenüber zurück.

Es ist jedoch nicht zu verhehlen, dass der Aspekt „elterlicher Kompetenz" hier und da nicht unbedingt erkennbar ist. Es ist insbesondere dort schwierig, von einer solchen zu sprechen, wo Eltern offensichtlich selbst bedürftig sind und Hilfe benötigen, wo persönliche oder familiäre Belastungen und Schwierigkeiten überhand nehmen. Ebenso ist zu bedenken, dass die Anzahl von Mädchen, die in sehr jungen Jahren bereits Mutter werden, die selbst noch nicht erwachsen sind und vor dem Gesetz noch als unmündig gelten, in den letzten Jahren enorm zugenommen hat. In diesen Fällen gilt es, das Bestmögliche an Unterstützung und Beratung zu gewährleisten, das eine Einrichtung zu leisten vermag. Es gilt aber darüber hinaus, für solche Fälle zunehmend spezifische Beratungs- und Stützsysteme in den Einrichtungen zu implementieren. Der Beratungs- und Unterstützungsbedarf von in der Art betroffenen Personen geht nämlich häufig über das hinaus, was Erzieherinnen im normalen pädagogischen Alltag leisten können. – Das Modell der *Early Excellence Centres* in Pen Green ist ein Beispiel dafür, wie wertvolle und geeignete Konzepte für diesen Bedarf umgesetzt werden.

3.2 Wechselseitigkeit des Beziehungs- und Lerngeschehens zwischen Kind und Erwachsenem

Bei alldem, was konzeptionell und organisatorisch-administrativ für das Erfüllen von gemeinsamer Verantwortung zu bedenken ist, zählt nicht zuletzt die Person des Erwachsenen selbst als Vorbild für kindliches Lernen. Erwachsene Bezugspersonen, seien es nun die Eltern oder die Erzieherinnen, haben auf Grund ihrer Bindungsbeziehung mit dem Kind einen hohen Einfluss auf dessen Lernverhalten wie auch auf dessen Beziehungsgestaltung. Dieser zeigt sich nun eben auch in der Vorbildfunktion auf diesen Ebenen. Wir wollen hier zunächst die Person der Erzieherin betrachten.

Im Rahmen einer Beziehung zwischen Kind und Erzieherin, die schließlich das Fundament für seine Bildung und Entwicklung darstellt, schlägt massiv zu Buche, inwieweit sich die Erzieherin selbst als Lernende versteht. Wie interessiert und neugierig geht sie selbst durch das Leben? Wie offen ist sie dafür, mit Kindern gemeinsam zu experimentieren und zu forschen? Lässt sie sich mit den Kindern zusammen auf offene Lernprozesse ein? Zieht sie wenn nötig Experten zurate? Bindet sie möglicherweise auch Eltern oder andere Personen aus dem Umkreis der Kindertageseinrichtung in Lernprozesse mit ein? Geht sie selbst besonderen Interessen nach? Wie ehrgeizig und engagiert sucht sie selbst eigene Lösungen, sowohl in persönlichen Belangen wie auch in Fragen ihrer Alltagsbewältigung?

Und schließlich: Wie sehr ist sie bereit sich selbst weiter zu bilden? Sei es in winzigen Teilaspekten ihres täglichen Lebens oder auch hinsichtlich fachlicher Themen, wie im Rahmen beruflicher Weiterbildung. Nimmt die Erzieherin ihren Erziehungs- und Bildungsauftrag ernst, erfordert dies ihrerseits schlussendlich permanente Fort- und Weiterbildung.

Inwieweit Eltern als Vorbild für kindliches Lernen gelten können, kann die Erziehern zwar nicht unmittelbar beeinflussen. Sie kann Eltern allerdings durch Hinterfragen ihres eigenen Bildungs- und Lernverhaltens auf ihre Vorbildrolle aufmerksam machen und dafür sensibilisieren. Das Prinzip „Lebenslanges Lernen“ gilt schließlich für alle, für das Kind, für Eltern und für Pädagoginnen.

Die Wechselseitigkeit des Beziehungs- und Lerngeschehens vollzieht sich jedoch nicht nur zwischen Erwachsenem und Kind, sondern auch zwischen den beteiligten Erwachsenen selbst. Das kann, wie bereits beispielhaft angeführt, nun über den Dialog zwischen Erzieherin und Eltern im Rahmen von Tür- und Angelgesprächen oder von Entwicklungs- und Beratungsgesprächen erfolgen. – Hier ist insbesondere zu berücksichtigen, dass in Einelternfamilien nach dem Kontakt, den Bezügen und Verantwortlichkeiten des anderen Elternteils gefragt und dieser gegebenenfalls eingebunden werden sollte. Darüber hinaus sollte in Einrichtungen kritisch hinterfragt werden, inwieweit auch die Väter in ihrer Erziehungsrolle gesehen, gefragt, ernst genommen, eingeladen und eingebunden werden.

Eine Wechselseitigkeit des Beziehungs- und Lerngeschehenes kann sich aber auch über den Austausch von Eltern untereinander vollziehen. Dafür kann und sollte von den Einrichtungen ganz bewusst ein Rahmen geschaffen werden. Das können eigens dafür eingerichtete Elternecken sein, gezielt initiierte Veranstaltungen von Erzieherinnen für Eltern oder aber auch von Eltern initiierte Veranstaltungen für Eltern. Bei diesen Gelegenheiten können Eltern nicht nur von Fachkräften wertvolle Impulse erhalten, sondern auch von Gleichgesinnten. Der Austausch unter diesen sollte von institutioneller Seite durchaus unterstützt werden. Das Erleben von Gemeinschaft unter Eltern kann zuweilen auch familiäre Beziehungen entlasten, wenn nicht sogar manchmal Beziehungen zwischen Eltern und Erzieherinnen. Dabei ist immer auch folgender Aspekt zu bedenken: Wenn sich Eltern in der Kindertageseinrichtung wohl und geborgen fühlen, wird es ihren Kindern ebenso gehen.

Eines ist vor allen Dingen zu beachten: Mit der zunehmenden Verinselung von Familien, den zunehmend lockereren verwandtschaftlichen Netzwerken sowie den Veränderungen familiärer Strukturen kann die „Gemeinschaft Kindergarten" ein bedeutungsvoller Faktor im sozialen Gebilde heutiger Familien darstellen. Der *Kindergarten als Begegnungs- und Nachbarschaftszentrum* wird nicht zuletzt aus diesen Gründen, z. B. in den rheinland-pfälzischen Bildungs- und Erziehungsempfehlungen, angeraten.

4 Beobachtung als wesentlicher Baustein in einem gemeinsamen Bildungs- und Lernprozess und als Form von Beziehung

Wenn nun eines „der“ Themen der Bildungs- und Orientierungspläne aufgegriffen wird – wobei dieses selbst nicht ganz neu ist, jedoch neu beachtet und gefordert wird – dann geschieht das hier ganz bewusst. Denn auch das *Beobachten und Dokumentieren* fallen in den Bereich wechselseitiger Beziehung im Bildungs- und Lernprozess. Doch soll hier keineswegs eine Anleitung für Beobachtung und Dokumentation anhand konkreter Rezepturen oder Skalen zur Einschätzung erfolgen. Wer das erwartet, könnte hier einfach das Kapitel überspringen. Es geht auch nicht darum, die Inhalt anderer Bücher, die sich sehr gezielt mit dieser Thematik befassen, wiederzukauen. Mir geht es vielmehr darum, *Beobachten und Dokumentieren* im Kontext dessen zu erörtern, was uns bis hierher als Grundgedanke geleitet hat. Das ist zum einen die Verantwortung der Erzieherin in ihrer Rolle als Beobachterin, Entwicklungsbegleiterin, Initiatorin von Konstruktionsprozessen, als Gestalterin von Lernumgebung und Lernarrangements und als Impulsgeberin. Zum anderen wird mit dem Beobachtungs- und Dokumentationsprozess sehr gut die gemeinsame Verantwortung des „Dreiklangs“ im Bildungs- und Entwicklungsprozess deutlich. Letztendlich spielt bei der Beobachtung auch der Beziehungsaspekt eine maßgebliche Rolle.

So werden im Folgenden die Grundvariablen für das Wahrnehmen und Beobachten kindlicher Bildungs- und Entwicklungsprozesse dargelegt. Im Weiteren sollen schließlich Möglichkeiten der Dokumentation für die Erzieherin, das Kind sowie für Eltern dargestellt werden.

4.1 Pädagogische Grundhaltungen von Beobachtung

„Beobachten hat immer etwas mit Wahrnehmen zu tun. Was Erwachsene im Bezug auf Kinder wahrnehmen, interpretieren und bewerten sie in der Regel subjektiv und vor dem Hintergrund ihrer eigenen Erfahrungen, Wertvorstellungen und Erziehungsziele.“ (Viernickel/Völkel 2005, S. 13). Damit beschreibt Susanne Viernickel sehr gut, was in den Prozess von Wahrnehmen und Beobachten alles hineinspielt. Was wir beim anderen wahrnehmen, hat immer ein Stück mit uns, unseren Erfahrungen und Wertvorstellungen zu tun, insbesondere in dem Moment, in dem wir es analysieren und interpretieren und nach unseren subjektiven moralischen Prägungen bewerten. Das heißt gleichzeitig, dass Wahrnehmung immer auch etwas in uns auslöst, Bilder und Emotionen. Dabei spielt die Einstellung, die die Erzieherin dem Kind gegenüber hat, keine unbedeutende Rolle. Es ist daher sehr wichtig, dass sie sich dieser auch bewusst ist. Das setzt zum einen ein gutes Maß an Selbstreflexion voraus, zum anderen den kollegialen Austausch. Kolleginnen können oft sehr gut spiegeln, was ich an mir selbst gar nicht in der Lage bin wahrzunehmen.

Wahrnehmendes, entdeckendes Beobachten

Um zu erfassen, was Kinder zur Unterstützung ihrer Bildungs- und Entwicklungsprozesse brauchen, müssen Erzieherinnen die Kinder kennen bzw. kennen lernen. Das geschieht zunächst über Wahrnehmung. In ihrer Wahrnehmungstätigkeit sollte sich die Erzieherin auf das einlassen, was das jeweilige Kind tut und möglicherweise denkt. Diesem Ziel sollte nach heutigem Bildungsverständnis Beobachten dienen. Dabei können grundsätzlich zwei Formen von Beobachtung unterschieden werden: eine mit gerichteter und eine mit ungerichteter Aufmerksamkeit (Schäfer 2004).

Die meisten Fragebögen oder Einschätzskalen entsprechen der *gerichteten Beobachtung*. Diese zielt auf ganz konkrete Verhaltensweisen oder -bereiche, deren Qualität anhand von Bögen beurteilt werden sollen. Es wird eine Art Modellkind konstruiert, anhand dessen dann das beobachtete Kind verglichen und überprüft wird. Wenn wir allerdings das heutige Verständnis von Bildung ernst nehmen, müssen einerseits die Lernerfahrungen von Kindern in Alltagszusammenhängen betrachtet werden. Andererseits muss berücksichtigt werden, dass die Lernwege der einzelnen Kinder unterschiedlich und individuell sind, da sie von Geburt an unterschiedliche Bindungs- und Bildungserfahrungen gesammelt und selbst konstruiert haben.

Das bedeutet, dass es in Beobachtungsverfahren insbesondere darauf ankommen muss, zu ergründen, womit sich das Kind in seinem aktuellen Bildungs- und Entwicklungsprozess gerade beschäftigt, was sein derzeitiges Lernthema ist. Um dies zu erfassen, ist *ungerichtetes Beobachten* nötig. Bei diesem ist der Beobachter offen dafür, was das Kind indirekt oder direkt über sich, seine Erlebnisse und Gedanken mitteilt. Er versucht zu ergründen, was die jeweilige Situation gerade für das Kind bedeutet und welche Absichten es verfolgt. Der Beobachter ist offen für Überraschungen. Diese treten dann ein, wenn ein Verhalten von Erwartungen abweicht. Nur darin lassen sich die individuellen Besonderheiten der Kinder erkennen und entdecken. Wenn nun die Erzieherin mit all ihren sinnlichen und emotionalen Möglichkeiten wahrnimmt, wenn sie bereit ist, die bereits bestehenden Modelle oder Erwartungen, die sie auf Grund vorausgehender Erfahrungen an das Kind stellt, zu differenzieren, zu erweitern oder auch zu verändern, dann kann man von *wahrnehmendem, entdeckendem Beobachten* sprechen.

Schäfer erklärt ungerichtetes Beobachten auch folgendermaßen: „Beobachten, damit man mehr sieht – damit man sieht, was man noch nicht kennt“ (Schäfer 2004, S. 10).

Wahrnehmendes, entdeckendes Beobachten sensibilisiert die Erzieherin für die Prozesse ihrer eigenen Wahrnehmung und deren emotionale Einordnung. Man nimmt selbst wahr, was man als bedeutungsvoll erlebt. Dabei sind für uns die Dinge interessant und von Relevanz, die wir kennen, oder aber auch, die wir nicht kennen, nicht verstehen, die uns irritieren. Langeweile oder Gleichgültigkeit lenken die Wahrnehmung wiederum in eine andere Richtung. Das zeigt: Die Gefühle spielen im Wahrnehmungsprozess eine große Rolle. Über Gefühle ordnen wir das Wahrgenommene ein. Sie bestimmen unsere Bewertung des Wahrgenommenen und lösen eine bestimmte Handlung aus. Nun kann man die eigenen Gefühle nicht ausschalten, man sollte sie sich jedoch bewusst machen. Dann erst kann es möglich werden, zwischen Gefühlen und Handeln zu trennen. Schließlich muss man nicht immer nach den eigenen Gefühlen handeln. Worauf sich unsere Aufmerksamkeit richtet, hat ebenso mit unseren Lebenserfahrungen zu tun. Der Erzieherin hilft es für ihre pädagogische Arbeit, spezifisch für die wahrnehmende Beobachtung, wenn sie sich darüber klar wird, wo ihre Stärken und Schwächen liegen.

Wahrnehmende, entdeckende Beobachtung nimmt nie nur isoliert die Dinge wahr, sondern in ihren jeweiligen Zusammenhängen und Beziehungen. Damit sind Beziehungen zwischen Kindern untereinander gemeint, zwischen Kind und Gegenstand oder seiner Tätigkeit, zwischen Kind und Erwachsenem und umgekehrt und ebenso die Beziehung der Beobachterin zum Kind, den Gegenständen und Situationen oder auch zu den beteiligten Erwachsenen.

Beim Beobachten wird eine Form der Beziehung zum Kind aufgenommen. Aus diesem Grund kann man Beobachten auch nicht (nur) als technisches Verfahren anwenden und die Fragen und Probleme, die dabei beantwortet werden sollen, als methodisch-technische Probleme ansehen.

Beobachten als Form von Beziehung kann unter Umständen jedoch auch als Kontrolle oder Beurteilung erfahren werden. Das kennen wir aus unseren eigenen Lebenserfahrungen nur allzu gut. Es kommt daher darauf an, wie das Beobachten vom Kind selbst erlebt wird. Gehen wir von einer Haltung aus, die das Kind als gleichwertige Person betrachtet, muss das bedeuten, dass das Kind erfährt, was der Erwachsene beim Beobachten da tut und warum er das tut. So könnte auf die Frage des Kindes „Was machst du da?“, wenn die Erzieherin mit Schreibblock in seiner Nähe sitzt und sich Notizen macht, diese antworten: „Ich sitze hier und schreibe auf, was du spielst und wie gut du das schon kannst.“ Damit erfährt das Kind Aufrichtigkeit und Wertschätzung, was wiederum die Beziehung zwischen Kind und Erzieherin unterstützt. Es erlebt damit jedoch nicht nur den Wert seiner Tätigkeit und seiner Person, sondern wird sich auch des eigenen Handelns und Lernens bewusst. Wenn dann das Kind seine Aktivität noch selbst kommentieren darf, erhält die Erzieherin wiederum wichtige Informationen aus der Perspektive des

Kindes. Das kann wiederum dem besseren Verstehen und Einordnen der Beobachtung dienen. Aus der Beobachtung des Kindes durch die Erzieherin entsteht damit ein dialogischer Prozess.

Reflexion und Dialog

Wenn die Erzieherin das Beobachtete reflektiert, muss sie sich zwischen unterschiedlichen Perspektiven hin und her bewegen. Sie rückt einmal das Kind und seine Handlungen in den Mittelpunkt, dann wiederum das eigene Empfinden und Erleben, das durch die beobachtetet Situation hervorgerufen wird. Auch die äußeren Einflüsse, die die beobachtete Situation bedingen, werden in die Reflexion mit eingeschlossen. Dazu ist es hilfreich, wenn nicht sogar notwendig, die eigenen Beobachtungen und Wahrnehmungen mit jemand anderem auszutauschen. Dadurch kann sich die Erzieherin mitteilen, mit anderen gemeinsam nachdenken und Resonanz auf ihre Gedanken, Eindrücke und Interpretationen erfahren. Das Wahrgenommene kann über diesen Weg geklärt und bewertet werden. Die Ideen, die daraus hervorgehen, können wiederum mit den Kindern ausgetauscht werden. Das professionelle Wissen wird durch eine beständige dialogische Korrektur verfeinert und erweitert, sodass die Beobachtungen per se immer differenzierter werden. Dadurch kann der pädagogische Alltag in der Verständigung mit den Kindern weiter entwickelt werden.

Empathie, Ressourcenorientierung, Wertschätzung und Vertrauen

Um zu verstehen, was Kinder tun und warum sie es so tun, wie sie es tun, muss sich die Erzieherin in der Beobachtungssituation ganz auf das Geschehen einlassen. Dazu braucht sie die Fähigkeit, einfühlend zu verstehen. Man nennt dies *Empathie*. Sie begibt sich gleichsam auf die Ebene des Kindes, mehr noch: in das kindliche Erleben hinein. Dabei muss sie nahezu in die Situation eintauchen und sich selbst dabei mit all ihren Sinnen wahrnehmen. Denn sie nimmt schließlich das wahr, was ihr bedeutungsvoll erscheint. Wenn sie sich in der wahrnehmenden, entdeckenden Beobachtung hinreichend öffnet, wird sie schließlich auch die Dinge wahrnehmen, über die sie bislang vielleicht hinweggesehen hat, die ihr noch nicht aufgefallen sind. Das ermöglicht ihr wiederum, das beobachtete Kind besser zu verstehen.

Es ermöglicht ihr gleichzeitig auch, den Blick auf die Potenziale des Kindes zu richten: Es macht die Dinge so, weil es dies und jenes bereits kann. Dieser Blick auf die Ressourcen kann erst dann hinreichend gelingen, wenn sich die Erzieherin empathisch auf das Kind einlassen kann. Das hat Auswirkungen auf alle weiteren Interaktionen mit dem Kind – denn sie sieht es weniger auf dem Hintergrund dessen, was es noch nicht kann (*Defizitorientierung*), sondern vielmehr als das, was es bereits (geworden) ist und in der Lage ist, zu bewerkstelligen (*Ressourcenorientierung*). Eine ressourcenorientierte Haltung der Erzieherin hat ebenso Auswirkungen auf das pädagogische Angebot. Die Erzieherin kann dort ansetzten, wo das Kind in seiner Entwicklung steht und was es an Themen und Inhalten interessiert. Das Kind wiederum sieht sich mit Aufgaben konfrontiert, die es interessieren, die es herausfordern, die es eigenständig zu bewältigen wagt. Die daraus resultierenden Lernprozesse und Lernerfolge haben eine entscheidende Auswirkung auf das Kind: Zum einen gewinnt es an Sachkompetenz, was den Lerngegenstand betrifft, zum anderen erfährt es Selbstvertrauen. Durch die ressourcenorientierte Haltung gewinnt die Beziehung Erzieherin – Kind offensichtlich insgesamt an Vertrauen und stützt sie.

Empathie und Ressourcenorientierung im Prozess von wahrnehmendem, entdeckendem Beobachten beweisen dem Kind gegenüber ein hohes Maß an *Wertschätzung*. Die Erzieherin schätzt und achtet das Kind so, wie es sich zeigt, wie es ist, wie es denkt und fühlt. Sie achtet das Kind in seiner Eigenartigkeit und Eigenwertigkeit, auch wenn das Beobachtete aus einer Außenperspektive vielleicht für unsinnig gehalten werden könnte. Es wird nicht so sehr danach gefragt, warum das Kind etwas Bestimmtes nicht macht oder nicht so macht, wie es ein Außenstehender erwartet. Es wird nicht permanent ein Fokus darauf gelegt, was das Kind anders machen sollte oder was es noch besser können sollte.

Ein weiterer Faktor von Wertschätzung liegt darin, dass das Kind im Moment der Beobachtung ganz eindeutig im Mittelpunkt des erzieherischen Interesses steht. Dem Kind wird in dem Augenblick sehr viel Beachtung geschenkt. Es erlebt sich in diesem Moment als wichtig. Auch das hat Einfluss auf die Beziehung zwischen Kind und Erzieherin.

Eine pädagogische Haltung, die von Empathie, Ressourcenorientierung und Wertschätzung geprägt ist, unterstützt somit nicht nur das Vertrauen innerhalb der Beziehung zwischen Erzieherin und Kind. Sie stützt und erhält die Beziehung an sich. Vor allem aber und gerade dadurch steigert sie die Qualität der pädagogischen Arbeit. Mit ihr können der jeweilige Entwicklungsstand des Kindes und seine Persönlichkeit in ihrer Individualität genauer erfasst werden. Interaktionen und Konstruktionen können somit intensiver und passender für das Kind gestaltet werden. Bildungs- und Entwicklungsprozesse werden dadurch positiv beeinflusst und gefördert.

4.2 Möglichkeiten der Dokumentation kindlicher Entwicklung

Beim wahrnehmenden und entdeckenden Beobachten werden die Ergebnisse festgehalten. Sie sind das wichtigste Material für die Dokumentationen. Ein wesentlicher Grundsatz ist dabei, dass nicht in erster Linie dokumentiert wird, um Ergebnisse zur Schau zu stellen, sondern um die jeweiligen Bildungsprozesse mit all ihren Wegen und Umwegen festzuhalten. Die Dokumentation sollte dabei für die Erzieherin und auch für Außenstehende nachvollziehbar sein. Wenn wir Beobachten und

Dokumentieren als einen maßgeblichen Prozess im Bildungsauftrag von Kindertageseinrichtungen betrachten und den Aspekt einer gemeinsamen Verantwortung des „Dreiklangs“ in diesem Prozess ernst nehmen, sollte die Dokumentation neben der Erzieherin auch für Eltern und Kind nachvollziehbar sein und für diese verständlich gemacht werden.

Erzieherinnen sollten regelmäßig und systematisch Kinder und einzelne Gruppen von Kindern beobachten. Sie notieren dabei alles, was sie an Beobachtungen und Überlegungen bemerkenswert finden. Bei den systematischen Beobachtungen kann es u. a. um Ereignisse gehen, die für die beobachtende Erzieherin bemerkenswert, aber unverstanden sind. Es kann aber auch um individuell unterschiedliche Weisen gehen, wie ein Kind bestimmte Fragen angeht oder Probleme löst. Dabei ist es notwendig, nicht sofort zu interpretieren, was man sieht. Die Erzieherin sollte versuchen, wertfrei und ohne Deutungen das beobachtete Handeln des Kindes zu beschreiben. Wenn sich eine Deutung dennoch einschleicht, ist das für den Dokumentationsprozess allerdings nicht besonders dramatisch. Denn wenn die Erzieherin ihre Dokumentation reflektiert und mit anderen Kolleginnen austauscht, kann ihr umso mehr bewusst werden, warum sie was wie wahrgenommen hat und welche Gefühle auf ihrer Seite zu Deutungen und Bewertungen Anlass gaben. Das heißt, auch hierbei kann die Erzieherin nicht nur über das Kind, sondern auch über sich selbst sehr viel erfahren.

Eine weitere Möglichkeit der Dokumentation ist die der Videoaufnahme. Anhand einer solchen kann vor allen Dingen eine Situation immer wieder betrachtet und näher beleuchtet werden. Sie kann anderen – Kolleginnen oder Eltern – gezeigt werden. Anhand von Videosequenzen haben Außenstehende die Möglichkeit ihre Wahrnehmung, Perspektive und ihre Interpretation einzubringen. Wenn Erzieherinnen Videosequenzen, z. B. im Rahmen von Entwicklungsgesprächen, einsetzen, um Eltern bestimmte Lernsituationen oder Entwicklungsschritte zu veranschaulichen, kann es für sie sehr interessant sein, wenn die Eltern aus ihrer Perspektive heraus und mit ihren eigenen Erfahrungen die Situation bewerten. Videoaufnahmen machen vor allem für Eltern (und Erzieherinnen) vieles konkreter, was häufig mit Worten alleine nicht treffend genug dargelegt werden kann.

Dokumentation individueller Entwicklungs- und Kompetenzbereiche des Kindes anhand von Portfolios

Zunächst stellt sich die Frage: Was wird alles dokumentiert? Im Zusammenhang mit Dokumentationen begegnet uns häufig der Begriff Portfolio. Dabei bedeutet Portfolio eine „Sammlung des Vermögens" (der Begriff kommt aus dem Bank-Bereich). Er beschreibt somit eine Sammlung des kindlichen Vermögens, seiner Kompetenzen. Es geht mit dem Portfolio also darum, die kindlichen Entwicklungs- und Kompetenzbereiche in irgendeiner Form festzuhalten, um sie für andere ersichtlich zu machen. Inhalte des Portfolios können sein (Abb. 6):

Abb. 6: Mögliche Inhalte von Portfolios

- Alltagsbeobachtungen (systematische/gezielte oder unsystematische)
- Einfälle und Ideen von Kindern, nach Möglichkeit mit einem erläuternden Kommentar, der sie Außenstehenden verständlich macht
- Zeichnungen oder sonstige Erzeugnisse von Kindern, mit Kommentaren versehen
- Erzählungen von Kindern, Gespräche unter Kindern
- Fotos

Diese Elemente eines Portfolios sind Grundlage der Transparenz kindlicher Entwicklung, insbesondere für den Austausch mit Eltern, um darauf aufbauend mit ihnen gemeinsam einen individuellen Förderplan für ihr Kind zu entwickeln. Sie ermöglichen der Erzieherin darüber hinaus, ein kindgerechtes pädagogisches Angebot zu entwickeln.

Die Gestaltung der Transparenz von Portfolios gegenüber der Grundschule ist dabei wünschenswert, doch leider bei vielen Eltern und Erzieherinnen noch umstrittene Angelegenheit. Hier spielen viele Ängste vonseiten der Eltern mit hinein, dass Informationen den Lehrer/die Lehrerin im Voraus in der Haltung ihrem Kind gegenüber beeinträchtigen könnten. Leider wird noch viel zu wenig die Chance eines effektiven Austausches über den kindlichen Entwicklungsstand zwischen den beiden Institutionen gesehen. Möglicherweise würde sich in diesem Zusammenhang eine Vorgehensweise anbieten, die eine Darlegung des Portfolios im gleichzeitigen Zusammensein und dem gemeinsamen Austausch von Erzieherin, Lehrer/in und Eltern ermöglicht.

In das Portfolio können darüber hinaus weitere Elemente aufgenommen werden (Abb. 7):

Abb. 7: Weitere Elemente für Portfolios

- Strukturierte Beobachtungen (die z. B. anhand von Arbeitshilfen und Beobachtungsbögen erfolgen)
- Diagnostische Beobachtungen (wie Einschätzskalen, Entwicklungsscreenings)

Die Strukturierten Beobachtungen machen dabei sehr gut den Kompetenzerwerb des Kindes und seine Lernfortschritte innerhalb eines gewissen Zeitrasters sichtbar. Diagnostische Beobachtungen dienen dazu, Entwicklungsstörungen frühzeitig zu erkennen.[3]

Entscheidend ist schlussendlich die Frage: Was sollen und müssen Eltern und Kinder hinsichtlich dessen wissen, was beobachtet und festgehalten wird?

---

[3] Weitere wertvolle Arbeitshilfen zu einzelnen Verfahren systematischer, strukturierter und diagnostischer Beobachtung sind u. a. zu finden in Viernickel/Völkel: „Beobachten und Dokumentieren im pädagogischen Alltag“, Freiburg 2005; „Learning Stories“ nach Margret Carr; „Leuvener Engagiertheitsskala“; „Dortmunder Entwicklungsscreening DESK“; „Grenzsteine der Entwicklung“ INFANS

Meine Empfehlung geht dahin, immer so viel als möglich transparent zu machen. Das bedeutet: Eltern und Kinder haben ein Recht darauf, zu wissen, was beobachtet und dokumentiert wird und wie dies geschieht. Nur dieser Weg kann Vertrauen schaffen. Eine solche Information kann generell beim Aufnahmegespräch erfolgen. Eine entsprechende Klausel hinsichtlich der elterlichen Zustimmung zu diesem pädagogischen Handeln kann bereits in den Aufnahmevertrag aufgenommen werden.

Es kann und sollte m. E. grundsätzlich alles transparent gemacht werden, was dokumentiert wurde – auch dann, wenn z. B. im Rahmen diagnostischer Beobachtungen Auffälligkeiten ersichtlich werden, die einer weiteren medizinischen oder therapeutischen Untersuchung oder einer Förderung in bestimmten Bereichen bedürfen. Je früher Erzieherinnen Eltern in Entwicklungen einbinden – seien sie positiver oder negativer Art – desto besser sind die Chancen für eine bestmögliche Unterstützung und Förderung des Kindes.

Einbinden des Kindes in seine eigene Entwicklungs- und Lerndokumentation

Die Inhalte eines Portfolios sollten nicht nur gegenüber den Eltern des Kindes transparent gemacht werden, sondern ebenso gegenüber dem Kind selbst. Mit dem Dokumentationsprozess werden schließlich Daten von ihm erhoben und festgehalten, die das Kind ganz persönlich angehen. So, wie das Kind erfahren sollte, wann es beobachtet wird, sollten ihm auch die Ergebnisse dieser Beobachtung dargelegt werden. Auch hierin zeigt sich Wertschätzung und Achtung des Kindes.

So können z. B. Fotos die Grundlage eines Dialogs zwischen Erzieherin und Kind werden: „Schau, was du da gemacht hast. Sieh mal, was du da bereits gekonnt hast.“ Oder auch Notizen: „Ich lese dir mal vor, was ich eben beobachtet und aufgeschrieben habe.“ Das Kind hat dann die Möglichkeit, die Dinge zu ergänzen, die ihm selbst noch wichtig sind oder die es dazu noch mitteilen möchte.

Mit einer solchen Haltung, die das Kind in seiner Persönlichkeit und in seinen persönlichen Rechten ernst nimmt und die der Perspektive des Kindes Raum und Geltung gibt, wird eine unbedingte Wertschätzung und Achtung des Kindes und seiner Kompetenzen erkennbar. Es erfährt ein hohes Maß an Beachtung und Respekt. Die Beziehung zwischen Erzieherin und Kind läuft somit auf einer nahezu gleichwertigen Ebene.

Das Kind erfährt darüber hinaus, was es gelernt hat, wo es Fortschritte gemacht hat und erhält somit ein konkreteres Bild seiner eigenen Lern- und Entwicklungsschritte. Es wird sich seiner Bildungsprozesse bewusst. Das, was in einigen Bildungs- und Orientierungsplänen mit Metakognition beschrieben wird, muss hier nicht künstlich in Lernprozesse implementiert werden, sondern verläuft vielmehr über einen natürlichen Dialog und Austausch innerhalb des Beziehungskonstrukts Erzieherin und Kind.

Eine weitere Möglichkeit der Einbindung des Kindes in seine Bildungs- und Lerndokumentation könnte auch folgendermaßen aussehen: Eine Kindergruppe besucht eine Bäckerei. Nachdem die Kinder zurückgekehrt sind, erhalten sie eine „Hausaufgabe". Sie sollen ihren Eltern zu Hause von dem Besuch beim Bäcker und ihren Erfahrungen berichten. Die Eltern wiederum schreiben den „Bericht" des Kindes auf und geben ihn der Erzieherin, die ihn im Portfolio abheftet. Kinder nehmen in solchen Situationen ihre Aufgaben sehr ernst. Sie betreffen sie selbst. Darüber hinaus erleben sie, dass ihnen die Erzieherin zutraut, dass das, was sie den Eltern berichten, „richtig" und bedeutsam ist. Indem der Bericht des Kindes dann auch noch schriftlich festgehalten wird, erfährt es wiederum Achtung und Respekt seiner Kompetenzen. Wenn die Eltern dann den Bericht auch noch an die Erzieherin weitergeben, signalisiert das dem Kind: „Eltern und Erzieherin agieren miteinander. Sie sind gleichermaßen an mir und meiner Person interessiert.“ Es signalisiert dem Kind ebenso: „Eltern und Erzieherin achten sich gegenseitig. Sie vertrauen einander. Und sie vertrauen mir.“

Somit wird das gelebt, was zuvor im Kontext gemeinsamer Verantwortung im Bildungs- und Entwicklungsprozess angeklungen ist. Der „Dreiklang“ schwingt gemeinsam auf einer Welle.

Über diese Wege gegenseitiger Einbindung in Bildungs- und Dokumentationsprozesse erhalten Eltern ein ganz eigenes Bild von ihrem Kind und seiner Entwicklung. Eltern erfahren somit viel besser, wie Kinder lernen. Sie werden dadurch auch selbst ernsthaft und ganz eindeutig mit in die Verantwortung genommen.

Erzieherinnen finden in ihrem Alltag sicherlich noch weitere Variationen, Kinder – und auch Eltern – in ihre Bildungs- und Lerndokumentation mit einzubinden. Maßgebend ist dabei die Haltung, welche Gleichwertigkeit, Achtung, Wertschätzung und Empathie, Ressourcenorientierung und gegenseitiges Vertrauen voraussetzt. Wenn dies gelingt, ist vieles möglich, was zuweilen vielleicht schwierig oder unmöglich erschien.

5 Zeitgemäße Konzepte – zukunftsträchtige Strukturen

In einer Gesellschaft der Postmoderne sind andere Gegebenheiten vorzufinden als in einer Gesellschaft, wie sie nach tradiertem Verständnis zu verstehen ist. Globale Vernetzungen der Postmoderne bringen vielfältige Einflüsse mit sich – seien sie kultureller, ethisch-moralischer oder religiöser Natur. Die Weiterentwicklung der Technik und ihrer Möglichkeiten sowie die damit zusammenhängende Bedeutung des Menschen für die Weiterentwicklung und den Fortbestand von Industrie und Wirtschaft hat sich rapide verändert. Unser Dasein wird bestimmt von Schnelllebigkeit und einer fallenden Halbwertszeit von Wissen. Das fordert vom Menschen ständige Anpassungsleistungen. Wenn sich gesellschaftliche Rahmenbedingungen derart gravierend verändern, hat dies Auswirkungen auf bisherige familiäre Strukturen und Persönlichkeitsbilder. Kindheit wird heute in den westlichen Industrieländern u. a. geprägt durch folgende Faktoren (Abb. 8):

Abb. 8: Faktoren, die Kindheit heute prägen (nach Lill 2004)

- Die Einbindung in soziale Netze mit ihren Sicherheiten und Zwängen ist stark zurückgegangen. Kindern und Jugendlichen werden zu einem früheren Zeitpunkt als bisher größere Freiheiten zugestanden.
- Kleinfamilien sind das Übliche, wenige bis keine Geschwister häufig. Einelternfamilien nehmen zu, aus dem Leben vieler Kinder verschwinden die Väter. Kinder erleben immer häufiger, dass es auch in persönlichen Beziehungen keine Sicherheit und Kontinuität gibt. Sie erfahren früh, dass Veränderungen und Diskontinuitäten zum Leben gehören.
- Wohlstand erscheint als der Normalfall. Kinder sind Zielgruppe von Werbung und definieren sich frühzeitig über ihre Teilhabe am Konsum. Zugleich existiert heimliche Armut in Familien, die nach außen nicht sichtbar werden soll und Kinder daher in Konflikte stürzt.

- Die Medienvielfalt und die Entwicklung von Technologie bringen eine Fülle von Informationen aus aller Wellt, zu allen Themen. Kinder haben zunehmend die Welt als Fernsehbild im Kopf, eigene Anschauungen und Erfahrungen aber fehlen zumeist. Sie sind dadurch weniger naiv als die Kinder früher und zugleich überfordert. Sie können die vielen Eindrücke weder emotional noch intellektuell verarbeiten. Sie sind nicht in der Lage, sie zu sortieren und das für sie Wichtige herauszufiltern.
- Vielfalt, auch in Bezug auf unterschiedliche Lebensformen, ist Normalität. Individualität gilt als höchster Wert.

Wir müssen uns daher fragen: Was bieten wir Kindern als Gegengewicht oder als eine angemessene Entsprechung zu ihren Lebenssituationen? Welche Kompetenzen brauchen Kinder für ihre Zukunft? Und wie können wir deren Herausbildung fördern? Was heißt das für künftige pädagogische Aufgaben? Wie müssen Konzepte für sinnvolle pädagogische Alltagsrealitäten aussehen, damit sie den Menschen und die Menschwerdung in dieser Gesellschaft auf gute Wege befördern?

Diese Fragen werden im Folgenden zunächst auf dem Hintergrund konzeptioneller Aspekte von Kindertageseinrichtungen beleuchtet. Im Weiteren sollen Notwendigkeiten struktureller Veränderungen betrachtet werden.

5.1 Neue Konzepte für mehr Qualität in Kindertageseinrichtungen

Vielfältige Forschungsgebiete haben sich in den vergangenen Jahren damit beschäftigt, zu ergründen, welche Voraussetzungen der Mensch für seine Entwicklung und für das Lernen mitbringt. So ist man in den Forschungsgebieten, die diese Voraussetzungen auf biologischem, neurobiologischem und entwicklungspsychologischem Hintergrund sehr eindeutig darlegen, sehr weit vorgedrungen. Die Hirnforschung konnte ergründen, welche biochemischen oder neurobiologischen Vorgänge sich bei Lernprozessen im Gehirn abspielen. Dementsprechend konnte sie wertvolle Aussagen dahingehend treffen, welche äußeren Stimuli und damit auch Lernumgebungen Lernvorgänge positiv beeinflussen. Darlegungen aus der Kognitionsforschung und Entwicklungspsychologie haben den Aspekt der Konstruktion von Wissen nochmals neu aufleben lassen und detaillierter interpretiert. Begriffe wie „Bildung und Lernen als sozialer Prozess“, als Akt von Ko-Konstruktion haben ihre Einkehr in die pädagogische Landschaft gefunden. Nicht zuletzt deshalb finden sich die Berücksichtigung dessen sowie der Anspruch auf Förderung unterschiedlichster Bildungsbereiche in den Bildungs- und Orientierungsplänen der einzelnen Länder wieder. Deren Entstehung ist zwar unmittelbar auf die Ergebnisse der ersten PISA-Studien zurückzuführen – und nicht unbedingt auf das Erkennen von verändertem Bedarf auf Grund gesellschaftlicher Veränderungen. Ziel der Pläne ist und war allerdings, die Bildungschancen von Kindern bundesweit und länderübergreifend zu erhöhen und zu garantieren. Die Bildungs- und Orientierungspläne zielen trotz alledem nicht alleine auf die Forderung nach mehr oder besserer Bildung. Sie berücksichtigen allesamt doch auch veränderte gesellschaftliche und familiäre Rahmenbedingungen und fordern daher neben den Chancen auf bessere Bildung und Bildung für alle gleichzeitig auch die Chancen für eine gesunde Entwicklung von Kindern in dieser Gesellschaft.

Die Ausführung und Umsetzung der Bildungs- und Orientierungspläne in Deutschland obliegen den jeweiligen Landesaufsichtsbehörden und Trägerverantwortungen. Zur inhaltlichen Gestaltung, speziell zur Förderung einzelner Bildungsbereiche, gibt es hinreichende Empfehlungen. Um deren Beleuchtung im Rahmen zeitgemäßer Konzepte von Kindertageseinrichtungen soll es auch an dieser Stelle, wie schon vorher, nicht gehen. Vielmehr soll im Folgenden dargelegt werden, welche elementaren Fragen Einrichtungen in der Entwicklung ihrer pädagogischen

Handlungskonzepte berücksichtigen müssen, um qualitativ gute Bildungs- und Erziehungsarbeit zu leisten, um Kindern das Bestmögliche für ihre Bildung und Entwicklung mitzugeben. Es soll um einzelne, aber wesentliche Bausteine gehen, die Grundlage moderner und wertvoller Konzepte sein sollten.

Definition des Bildungs- und Erziehungsverständnisses

Grundlage einer jeden pädagogischen Konzeption muss ein gemeinsames Verständnis von Bildung und Erziehung innerhalb der Kindertageseinrichtung sein. Die neuesten Erkenntnisse von „Lernen" müssen dabei unbedingt Berücksichtigung finden.

Einheitliche Vorstellungen von Bildung und Entwicklung

Lernen vollzieht sich von Geburt an. Es verläuft ganzheitlich und mit einem hohen Einfluss von Wahrnehmungsmöglichkeiten und -leistungen. Demnach sollten durch eine adäquate Lernumgebung und Lernangebote angemessene Anreize geboten werden. Die Berücksichtigung der sensiblen Entwicklungsphasen des Gehirns können Lernprozesse optimieren. Für den Lernenden, hier im Speziellen für das Kind, ist dabei der Sinn, die Bedeutung und Relevanz des Lerngegenstands von Bedeutung. Erzieherinnen müssen anhand von regelmäßigen und strukturierten Beobachtungen ergründen, was jeweils Lernthema für das Kind ist. Darauf aufbauend können entsprechende Angebote hinsichtlich der Lernumgebung wie auch gezielter pädagogischer Angebote erfolgen. Das Lernen von Neuem als Lustgewinn spielt dabei eine wesentliche Rolle. Es muss in neue Lernmethoden wie Experimentieren und Forschen, Projektarbeit und Lernwerkstätten einfließen.

Ebenso von Bedeutung für den Lernprozess ist das Prinzip der Selbsttätigkeit. Lernen gilt als Konstruktion von Wissen, als Lernen in Beziehungen – zu Dingen der kindlichen sozialen, materiellen und räumlichen Umwelt. Es ist ein aktiver Prozess der Weltaneignung. Die Erzieherin kann dem Kind beim forschenden Erkunden seiner Lebenswelt durch eine fragende Haltung zur Seite stehen. Sie sollte keine Antworten und fertigen Ergebnisse liefern, sondern das Kind mit Fragen auf seine eigenen Entdeckerspuren führen und es dabei begleiten.

Lernen, Bildung und Entwicklung braucht Beziehungen. Sichere Beziehungen, die eine angstfreie Atmosphäre garantieren, sind ein optimaler Nährboden für kindliches Explorationsstreben. Verlässliche Beziehungen und sichere Bindungen fördern den Aufbau des kindlichen Selbstwertes und seiner Identität. Diese wiederum sind wesentliche Voraussetzungen für selbsttätiges Lernen, für Neugierde und das Finden eigener Lösungswege. Selbstvertrauen, Zutrauen und Vertrauen befördern jegliche kindlichen Bildungs- und Entwicklungsprozesse. Neben dem Wissen um kindliche Lernprozesse geht es für Erzieherinnen demnach auch um Faktoren, die die Entwicklung der kindlichen Persönlichkeit unterstützen.

Interaktion und Kommunikation spielen eine maßgebliche Rolle für Bildung und Entwicklung. Verbale und nonverbale Sprache transportieren dabei nicht nur Inhalte, sondern auch Beziehungsqualitäten. Lernen verläuft demnach dialogisch. Das Prinzip der Ko-Konstruktion unterstützt dabei den Lernprozess wie auch das Lernklima. Unter der Berücksichtigung der Voraussetzungen „echter“ Ko-Konstruktion müssen Erzieherinnen Angebote schaffen, die einen Austausch und ein Lernen in entwicklungshomogenen Gruppen ermöglichen. Es ist daher zu überlegen, wie in der Tradition altersheterogener Gruppen in Kindertageseinrichtungen – sei dies nun in Regelkindergärten oder familienähnlichen Gruppen – Entwicklungshomogenität hergestellt werden kann. Möglichkeiten dafür wären gruppenübergreifende Angebote und Projekte.

Es bedarf demnach einer grundsätzlichen gemeinsamen Verständigung im Team über entsprechende Lerndispositionen.

Einheitliches Bild vom Kind

Doch neben dem Wissen hinsichtlich der Prozesse von Bildung und Persönlichkeitsentwicklung (auf unterschiedlichen biologischen, neurobiologischen wie psychologischen Ebenen) muss es darum gehen, im Team ein einheitliches Bild vom Kind zu definieren. Die erzieherischen Haltungen beeinflussen erzieherisches Handeln.

Kinder sind von Geburt an kompetente Wesen. Sie bringen alles mit, was sie für ihr Leben brauchen. Es liegt an ihrer sozialen und materiellen Umgebung, welche und in welcher Ausprägung sich diese Grundlagen ausbilden können. Kinder sind *bildungsbereit* und *bildungshungrig*. Sie fragen und forschen, sie fragen nach dem „wer?", „wie?" und „warum?". Sie stellen Fragen und möchten Antworten. Erwachsene sind dabei „Bildungstankstellen" (Lill 2004, S. 54), die gemeinsam mit den Kindern die Welt erschließen, die ihnen neue Erfahrungen, Erlebnisse und ungewohnte Perspektiven eröffnen sollten.

Kinder sind *neugierig* und *mutig*. Wir müssen ihnen daher sicheren Boden für ihre Welterkundung bieten. Kinder müssen vertrauen dürfen. Erwachsene sollten deshalb wach und wachsam sein, um kindliche Signale zu erkennen, zu verstehen und angemessen darauf zu reagieren. Dies sollte in einer Art geschehen, die Hilfe, Unterstützung und Beistand gewährleistet, jedoch keine Überfrachtung und Einengung der kindlichen Kompetenz bedeutet.

Kinder brauchen *Liebe* und *Geborgenheit*. Nähe und Zuwendung ist ihr Lebenselixier. Wenn wir ihnen das verweigern oder nicht hinreichend zur Verfügung stellen, beschädigen wir ihr Selbstwertgefühl und ihre Entwicklung. Kinder wollen so geliebt werden, wie sie sind. Erwachsene sollten daher ein Klima von Empathie und Wertschätzung, von Achtung der kindlichen Persönlichkeit gewähren.

Kinder wollen nicht funktionieren. Sie sind an Entscheidungen, die sie betreffen, *mit zu beteiligen*. Nur so erhalten sie Raum für ihre Bedürfnisse, nur so können sie selbst lernen Verantwortung zu übernehmen. Nur so können sie die Regeln eines gesellschaftlichen Miteinanders erfahren und aushandeln lernen. Nur so finden sie ihren Platz in der Gesellschaft. Kinder sind auch *konfliktfähig.* Sie sollten ihre eigenen Erfahrungen von Anders-Sein und von unterschiedlichen Erwartungen, die an sie gestellt werden, machen dürfen. Erst dann können sie für sich selbst herausfinden, wer sie sind und was sie möchten. Kinder sind *einzigartig.* Kein Kind ist wie das andere. Jedes Kind ist etwas Besonderes. Kein Kind kommt genormt auf die Welt. Entsprechend sollten es die Erwachsenen als Individuum wahrnehmen und akzeptieren. Sie sollten ihren Blick auf seine Möglichkeiten, seine *Ressourcen* lenken, diese fördern und dort Unterstützung und Hilfe anbieten, wo Gefahr für eine gesunde Entwicklung droht.

Kinder sind *verletzlich.* Trotz allem, was man Kindern heute zutraut, zutrauen kann (und häufig auch zumutet), sind sie abhängig von der Versorgung und Zuwendung durch Erwachsene. Sie brauchen ihren Schutz. Sie brauchen Erwachsene, die für ihr Recht auf gesunde Entwicklung eintreten.

Förderung von Schlüssel- und Basiskompetenzen

Um Kinder für ein Leben in einer Gesellschaft vorzubereiten, die von Diskontinuitäten und Schnelllebigkeit geprägt ist und in der Orientierungs- und Haltlosigkeit drohen, bedarf es wichtiger Basiskompetenzen. Institutionen der Kinder- und Jugendhilfe haben den Auftrag und die Chance, diese bei Kindern zu fördern. Im Folgenden wird nun in drei Kategorien aufgeführt, was an Basiskompetenzen zu beachten und zu fördern ist.[4]

Individuumsbezogene Kompetenzen

Kinder brauchen das Gefühl, wertvoll und liebenswert zu sein und mit sich selbst zufrieden zu sein. Das stärkt ihr *Selbstwertgefühl.* Für dieses Selbstwertgefühl brauchen sie Erwachsene und

[4] Dies geschieht in Anlehnung an den Bayerischen Bildungs- und Erziehungsplan.

andere Kinder, die mit ihnen wertschätzend umgehen, die sie in ihrer Persönlichkeit, Herkunft und Kultur annehmen. Das wirkt sich auch auf die Entwicklung eines *positiven Selbstkonzeptes* aus. Das Kind soll erleben, dass es kompetent mit sich und seinen Gefühlen, aber auch mit anderen Kindern seiner Umgebung umgehen kann (emotionale Kompetenz). Es braucht ein Körpererleben, das ihm seine Möglichkeiten, Stärken und Schwächen begreifbar macht. Es soll sich in seinem Selbstkonzept auch als lernfähig erleben. Diese mit einem positiven Selbstkonzept einhergehenden Gefühle führen zu *Selbstbewusstsein.*

Ein Kind braucht das Erleben von eigener *Autonomie.* Es soll sich selbst als eine Person erfahren, die mitentscheidet, was sie selbst tut, was sie in einer Gruppe tut und wie sie das tut.

Ein Kind erfährt dann seine Kompetenzen besonders gut, wenn es erlebt, dass es Aufgaben und Probleme selbstständig meistern kann. Mit solchen Situationen einher geht auch die Erfahrung, *Erfolg wie Misserfolg bewältigen* zu können.

Das Kind braucht für seine Lebensbewältigung vor allem die Fähigkeit, mit Belastungen umzugehen (*Resilienz).* Das kann über die Vermittlung von Problemlösetechniken oder von positivem Denken erfolgen. Das Kind braucht sichere Bindungen zu Erzieherinnen, eine wertschätzende und angstfreie Umgebung und möglichst stressfreie Tagesabläufe. Es braucht die Erfahrung, schwierige Situationen bewältigen zu können.

Es muss grundsätzlich lernen, *Probleme* zu *lösen.* Es muss lernen zu analysieren, abzuwägen, Alternativen zu entwickeln und den Erfolg seines Lösungsweges zu prüfen. Fehler sollen dabei als wichtige Schritte bei der Problemlösung betrachtet werden. Kindertageseinrichtungen sollten eine entsprechende Fehlerkultur etablieren, die Fehler als notwendig erachtet und positiv bewertet.

In der Problemlösefähigkeit zeigt sich eine weitere kindliche Kompetenz: *Kreativität.* Diese sollte ihren Ausdruck nicht nur im intellektuellen Bereich, sondern insbesondere auch im sprachlichen und musisch-kreativen Bereich finden.

Das Kind sollte sich vor allem auch in seiner *Selbstwirksamkeit* erleben können. Das kann z. B. über Formen der Mitbeteiligung (*Partizipation)* erfolgen. Über diese erfährt das Kind Sinn und Bedeutungen von Situationen und Entscheidungen. Wenn Kinder erleben dürfen, dass sie ihre Umwelt beeinflussen können, dass sie Probleme bewältigen können, können sie schließlich auch Vertrauen in sich selbst entwickeln. Wenn sie darüber hinaus auch noch ihrer Neugier und ihren individuellen Interessen nachgehen dürfen, fördert dies schließlich ihre *Motivation.*

Kinder müssen lernen ihr Verhalten selbst zu steuern (*Selbstregulation).* Das kann das eigene emotionale Erleben wie auch soziale Interaktionen betreffen. – Auch hier kommt wieder die emotionale Kompetenz zum Tragen.

Zur Förderung kognitiver Kompetenzen ist für das Kind die Unterstützung der *differenzierten Wahrnehmung* von Bedeutung. Das Kind sollte all seine Sinne nutzen können, denn diese tragen zu einem immer differenzierteren Verstehen der Welt bei.

Bei der Entwicklung seiner *Denkfähigkeit* braucht es die Unterstützung von Erwachsenen. Erzieherinnen können helfen, indem sie bei Begriffsbildungen unterstützen oder indem sie Forschen und Experimentieren sowie das Finden eigener Lösungswege ermöglichen. Fragen, Anregungen, Gespräche und Philosophieren über die Zusammenhänge von Dingen und Ereignissen fördern ebenso das kindliche Denkvermögen. Das Kind braucht Unterstützung in seiner *Wissensaneignung,* aber auch im Training seines *Gedächtnisses.*

Im Rahmen individuumsbezogener Kompetenzen geht es auch um physische Belange. So sollte das Kind dazu befähigt werden, *Verantwortung für seinen Körper und seine Gesundheit* zu übernehmen. Die Bewerkstelligung bestimmter Hygienemaßnahmen sollte dabei selbstverständlich werden. Darüber hinaus führen *Grob- und Feinmotorische Kompetenzen* zu körperlichem Geschick und gezieltem Einsatz von Kraft. Neben dem Einsatz der körperlichen Kräfte ist es wichtig, dass Kinder auch lernen *körperliche Anspannung* zu *regulieren.* So können sie sich nach körperlich und geistig anstrengenden Herausforderungen wieder entspannen. Sie lernen, *Stress zu bewältigen.*

Kompetenzen zum Handeln im sozialen Kontext

Dazu zählen soziale Kompetenzen wie der Aufbau von guten *Beziehungen zu Erwachsenen und Kindern*, die Fähigkeit zur *Empathie und Perspektivenübernahme* (emotionale Kompetenz) sowie die Fähigkeit, verschiedene Rollen einzunehmen.

Eine besondere Förderung gilt der *Kommunikationsfähigkeit.* Kinder sollten lernen sich verbal wie nonverbal hinreichend auszudrücken. Im Kontext multikultureller Begegnungen kommt dem immer mehr Bedeutung zu.

Kinder sollten lernen, zuzuhören und andere ausreden zu lassen. Nur so ist die Grundlage für einen gelingenden sozialen Austausch gegeben. Selbiger braucht eine weitere Fähigkeit, die der *Kooperation.* Kinder müssen lernen, sich mit anderen abzusprechen, etwas gemeinsam zu planen und in gemeinsamen Projekten zusammenzuarbeiten. Das bedeutet im Umkehrschluss, dass ihnen Erzieherinnen auch den entsprechenden Rahmen bieten müssen, innerhalb dessen sie mitplanen und mitgestalten können.

Kinder brauchen auch die Fähigkeit, *Konflikte* zu *managen.* Sie können lernen Konflikte zu vermeiden oder aber sie in angemessener Form auszutragen, Kompromisse zu schließen, Lösungen zu entwickeln, aber auch in Konfliktsituationen zu vermitteln.

Kinder brauche heute – vielleicht mehr denn je – *Werte und Orientierungskompetenz.* Sie müssen Wertehaltungen erfahren, diese für sich prüfen und verinnerlichen können. Sie brauchen die Befähigung zu *moralischer Urteilsbildung.* Ethisch-moralische Werte werden insbesondere über erwachsene Vorbilder vermittelt. Erzieherinnen sollten sich daher mit ihren ethischmoralischen Vorstellungen und Haltungen zeigen, diese begründen können und dazu bereit sein, sie neben anderen Haltungen stehen zu lassen.

Kinder sollten dabei auch lernen, unvoreingenommen in die Welt zu gehen. In einer welt- und werteoffenen Gesellschaft begegnen sie automatisch anderen Werten, Sitten und Einstellungen. Ebenso sollten sie sich einer Kultur zugehörig fühlen können und dürfen. Das hat entscheidenden Einfluss auf ihre Identitätsbildung. Eine *Achtung von Andersartigkeit und Anderssein* zeigt sich nicht nur in Bezug auf unterschiedliche Wertevorstellungen und Kulturen, sondern auch in Bezug auf Menschen mit Krankheiten und Behinderungen sowie Menschen, die in Armut leben.

Kinder müssen zu *Solidarität* befähigt werden. Sie sollen lernen, in einer Gruppe zusammenzuhalten und sich füreinander einzusetzen.

Kinder müssen von Kindheit an lernen, *Verantwortung* für das eigene Handeln, Verantwortung anderen Menschen gegenüber wie auch für Umwelt und Natur zu übernehmen.

Schließlich und endlich sollten Kinder zu *demokratischer Teilhabe* befähigt werden. Dazu benötigen sie Grundkenntnisse über die Demokratie als Staats- und Gesellschaftsform. Sie sollten Gesprächs- und Abstimmungsregeln kennen und einhalten lernen. Insbesondere sollten sie darin unterstützt werden, einen eigenen Standpunkt zu entwickeln, ihn einzubringen und notfalls auch zu überdenken.

Lernmethodische Kompetenzen

Kinder brauchen heute vor allen Dingen Fähigkeiten zur Erschließung und Aneignung von Wissen. Unsere Wissensgesellschaft zwingt uns permanent dazu, Wissen zu aktualisieren, Wichtiges von Unwichtigem zu trennen und Überflüssiges auszufiltern.

Lernmethoden, die *Selbststeuerung* beinhalten, fördern entsprechende Fähigkeiten. *Selbstorganisation* von Lernen, Selbsttätigkeit sowie das Suchen nach und Erproben von eigenen Lösungswegen sind diesem Aspekt dienlich. Insbesondere das

Lernen durch *Experimentieren und Forschen* sowie Lernarrangements in Form von *Lernwerkstätten* unterstützen den Aspekt von Selbststeuerung und Selbstorganisation. Aber auch die *Projektmethode* bietet hervorragende Möglichkeiten zum Erwerb lernmethodischer Kompetenzen. Sie ermöglicht eine aktive Beteiligung über Prozesse gemeinsamer Ideenfindung, Planung, Vorbereitung, Durchführung und Dokumentation. Die Projektmethode zeichnet sich aus durch prozesshaftes Lernen. Sie berücksichtigt Zwischenschritte der Selbstreflexion und Metakognition. Darüber hinaus ermöglicht sie konkrete Erfahrungen von Lernen in *Lerngemeinschaften* und Teams, die sämtliche Aspekte sozialer Interaktion umfasst: gemeinsames Aushandeln, Argumentieren, Sich-Einbringen, Zurückstehen, Kompromisse finden und schließlich auch Konflikte bewältigen. Sie ist m. E. eine der zukunftsträchtigsten Lernmethoden in Kindertageseinrichtungen.

Festschreibung von Bausteinen für eine gesunde Entwicklung

Die grundlegenden Probleme der heutigen Gesellschaft, wie häufige Veränderungen und zunehmend instabile, nicht konstante Beziehungen (Diskontinuitäten), erfordern insbesondere eines: Kinder stark zu machen. Wir müssen sie widerstandsfähig machen, damit sie Lebensbelastungen erfolgreich meistern können. Diese entscheidende Bewältigungskompetenz wird in den vergangenen Jahren verstärkt unter dem Begriff der *Resilienz* diskutiert.

Ein erstes Augenmerk soll im Folgenden der Widerstandsfähigkeit von Kindern gelten. Daraufhin soll der Aspekt der Resilienz einfließen in eine weitere aktuelle Diskussion, die der *Transitionen.* Die Bewältigungsfähigkeit Resilienz spielt nämlich entscheidend in die Frage der Transitionen, der Bewältigung von Übergängen, hinein. Es werden Faktoren beleuchtet, die bei der Gestaltung von Übergängen bedacht werden sollten und die Übergänge erleichtern können. Beide Komponenten sind heute schlussendlich wesentliche Bausteine für eine gesunde Entwicklung von Kindern.

Kinder widerstandsfähig machen – Die Fähigkeit der Resilienz

Die gesellschaftlichen Bedingungen der Postmoderne wie auch die belastenden Lebensumstände von Kindern müssen uns aufhorchen lassen. Daher ist bei einer zeitgemäßen pädagogischen Arbeit ein besonderes Augenmerk auf die seelische Gesundheit von Kindern zu richten. Es muss um die Herstellung und Bewahrung von Wohlbefinden für eine positive Entwicklung gehen. Einrichtungen der Kinder- und Jugendhilfe müssen dringend Konzepte entwickeln, wie sie Kinder darin unterstützen können, Lebensbelastungen so erfolgreich wie möglich zu meistern. Wenn Kinder Brüche und Belastungssituationen effektiv bewältigen können, werden sie schließlich in ihrer ganzen Persönlichkeit gestärkt.

Der Begriff der Resilienz (engl. „resilience“: Spannkraft, Elastizität) meint die psychische Widerstandsfähigkeit von Kindern gegenüber Entwicklungsrisiken biologischer, psychologischer und psychosozialer Art. Konkret geht es darum, dass sich Kinder von einer schwierigen Lebenssituation nicht unterkriegen lassen bzw. nicht daran zerbrechen. Das Ziel von Resilienz ist somit die psychische Gesundheit und Bewältigungskompetenz von Kindern trotz erhöhter Entwicklungsrisiken.

Welche konkreten Ressourcen können die Bewältigung von belastenden Lebenssituationen (wie z. B. Armut, psychische Erkrankung eines Elternteils, Verlust eines Geschwisters oder gar eines Elternteils, Gewalterfahrungen in der Familie, Kriegs- und Terrorerlebnisse) unterstützen? Es sind ganz bestimmte *personale* und *soziale Ressourcen*, die nicht als Persönlichkeitsmerkmal angeboren werden, sondern im Verlauf der Entwicklung im Kontext der Interaktion zwischen Kind und Umwelt erworben werden. Diese schützenden Faktoren liegen nicht alleine im Kind selbst, sondern auch in seiner Lebensumwelt (Abb. 9).

Abb. 9: Stützende Ressourcen für die Fähigkeit der Resilienz
(nach Wustmann 2004; Mayr/Ulich in Fthenakis 2003)

Als stützende personale Ressourcen gelten:
- Positive Temperamentseigenschaften – Diese rufen bei den Betreuungspersonen soziale Unterstützung und Aufmerksamkeit hervor
- Problemlösefähigkeiten; vorausschauendes Vorgehen bei der Lösung von Problemen
- Überzeugung von Selbstwirksamkeit
- Positives Selbstkonzept; hohes Selbstwertgefühl
- Fähigkeit zur Selbstregulation
- Autonomie
- Ausdauer und Konzentrationsfähigkeit
- Freude an neuen Erfahrungen, Neugier, Erkundungsstreben und Wachheit
- Hohe Sozialkompetenz: Empathie, Kooperations- und Kontaktfähigkeit, soziale Perspektivübernahme
- Die Fähigkeit, soziale Unterstützung zu mobilisieren
- Die Fähigkeit, sich nach belastenden Situationen wieder zu regenerieren
- Sicheres Bindungsverhalten
- Optimistische, zuversichtliche Lebenseinstellung
- Talente, Interessen, Hobbys
- Körperliche Gesundheitsressourcen

Zu den stützenden sozialen Ressourcen zählen:
- Mindestens eine stabile Bezugsperson, die Vertrauen und Autonomie fördert
- Erziehungsverhalten, das sich als emotional positiv erweist, das stützt und Strukturen vorgibt
- Zusammenhalt (Kohäsion), Stabilität und konstruktive Kommunikation in der Familie
- Positive Gleichaltrigenkontakte (Peerkontakte) und Freundschaftsbeziehungen
- Vorbilder für aktives und konstruktives Problemlösen
- Positive Rollenmodelle insgesamt
- Positive Erfahrungen und Unterstützung in Bildungseinrichtungen.

Diese stützenden bzw. risikomildernden Faktoren wurden zusammenfassend in verschiedenen Untersuchungen („Kauai-Längsschnittstudie“, „Mannheimer Risikokinderstudie“, „Bielefelder Invulnerabilitätsstudie“) identifiziert.

Wie mit der Darstellung der fördernden Ressourcen deutlich wurde, kann Resilienzförderung insbesondere auf der Beziehungsebene erfolgen, und zwar über indirekte Wege, wie die *Erziehungs- bzw. Interaktionsqualität,* oder aber über die *Erziehungsperson*, die Erzieherin selbst.

Konkret: Die Erzieherin kann ein vertrauensvolles Beziehungsklima aufbauen, das dem Kind signalisiert, dass sie es bedingungslos wertschätzt und achtet. Sie kann dem Kind Aufmerksamkeit schenken und aktives Interesse an seinen Aktivitäten zeigen. Das stärkt sein Selbstwertgefühl und gibt Sicherheit. Sie kann dem Kind Verantwortungen übertragen, die ihm zu Erfolgserlebnissen verhelfen. Sie kann ihm helfen, realistische Ziele zu setzen und seine Stärken und Schwächen zu erkennen.

Die Erzieherin kann das Kind in Entscheidungsprozesse einbeziehen und es darin unterstützen, selbstbestimmt zu handeln und Neues zu lernen. Sie sollte es nicht vor Anforderungssituationen bewahren. Sie kann dem Kind Grenzen setzen, an denen es sich orientieren kann. Sie kann dem Kind helfen, wenn es krank oder in Gefahr ist und es vor Gefahren schützen.

Sie kann und muss als Vorbild oder Modell dienen, von dem das Kind lernen kann. Das betrifft insbesondere den emotionalen und sozialen Bereich, den Bereich der Problemlösefähigkeit, Konfliktbewältigung und den der konstruktiven Kommunikation.

Nicht zuletzt ist sie selbst Modell für eine positive Grundhaltung und für Zukunftsglauben.

Die Erzieherin kann darüber hinaus Eltern in ihrem Kompetenzgefühl und ihren Konfliktlösungsstrategien unterstützen.

Wenn Erzieherinnen über einen recht guten Zugang zu den Eltern des Kindes verfügen, wird eine Förderung von Kind und Familie möglich. Gerade die Förderung auf beiden Ebenen erweist sich als besonders effektiv. Insofern kann die Kindertageseinrichtung als entscheidende Schnittstelle für kindliche und elterliche Kompetenzen wirken.

Ein weiterer Vorteil ist darin begründet, dass Kinder im Rahmen der Kindertageseinrichtung positive Beziehungen zu Gleichaltrigen sowie Freundschaftsbeziehungen aufbauen können. Darüber hinaus können sie dort unterstützende Beziehungen zu Erwachsenen außerhalb der Familie erfahren und aufbauen. Kindertageseinrichtungen können gefährdeten Kindern ein „Lern- und Beziehungsklima bieten, das Sicherheit und Stabilität bietet. Sie können somit eine wichtige Kompensationsfunktion ausüben“ (Wustmann 2004).

Übergänge gestalten – Transitionen

Angesichts dessen, dass sich Familienstrukturen und Lebenswirklichkeiten, in denen Kinder aufwachsen, zunehmend verändern, werden schon seit einiger Zeit Konsequenzen für die Frühpädagogik gefordert. So müssen Kinder in grundlegenden Kompetenzen gefördert werden, die ihnen die Bewältigung derartiger Diskontinuitäten ermöglichen.

Das Kind in der Kindertageseinrichtung muss mindestens zwei Übergänge bewältigen: den Übergang von der Familie in die Kindertageseinrichtung und später der Übergang von der Kindertageseinrichtung in die Schule. In Einrichtungen, die auch Schulkinder betreuen, steht darüber hinaus häufig noch ein weiterer Übergang an, der von der Grundschule in ein weiterführendes Schulsystem.

Bei den Fragen des Übergangs sind mehrere Perspektiven zu berücksichtigen: die der Kinder, die der Fachkräfte (in Kindertageseinrichtung und Schule) und schließlich auch die der Eltern. Ein Ansatz, der diese Perspektiven zusammen berücksichtigt, wird heute als *ökosystemischer Ansatz* bezeichnet.

Eine Übergangssituation kann mit ihren Belastungen sowohl als kritisches Lebensereignis wie auch als entwicklungsfördernde Herausforderung gelten. Cowan (1991) hat einen Transitionsansatz für die Entwicklung der Familie vorgelegt, der auf den Übergang von der Familie in den Kindergarten und vom Kindergarten in die Schule übertragen wurde. In diesem wurden der ökopsychologische Ansatz sowie Stressansätze berücksichtigt und Veränderungen auf der subjektiven Ebene der Identität von Kind und Eltern integriert.

Doch zunächst ist genau zu definieren, was mit dem Begriff der Transitionen gemeint ist: „Mit Transitionen werden komplexe, ineinander übergehende und sich überblendende Wandlungsprozesse bezeichnet, die sozial prozessierte, verdichtete und beschleunigte Phasen eines Lebenslaufes in sich verändernden Kontexten darstellen"(Welzer in Fthenakis 2003, S. 139). Wenn eine Anpassung an Veränderungen auf der individuellen, interaktionalen und kontextuellen Ebene geleistet werden muss, müssen innerpsychische Prozesse und Beziehungen zu anderen Personen neu gestaltet werden. Dabei kommt es häufig zu Belastungsfaktoren.

Die Veränderungen, die Übergangssituationen mit sich bringen, sind für Eltern und für Kinder bedeutsame Entwicklungsaufgaben. Sie zeigen sich auf unterschiedlichen Ebenen.

Übergangsbewältigung als Entwicklungsaufgabe auf der individuellen Ebene

Wenn das Kleinkind zum Kindergartenkind wird und das Kindergartenkind zum Schulkind, verändern sich seine Vorstellungen und sein Status dahingehend, dass es nun „größer" ist, dass es mehr kann und darf als ein jüngeres Kind und dass man ihm mehr zutraut. Man traut und mutet dem Kind in beiden Übergangssituationen mehr Selbstständigkeit zu. Das hat Einfluss auf das kindliche Selbstkonzept. Rituale zum Eintritt in den Kindergarten und die Schule, wie z. B. Schultüten, unterstützen das zusätzlich. Der Übergang selbst, der sich häufig an einem besonderen Tag festmacht – der erste Kindergartentag, der erste Schultag – ist dabei mit unterschiedlich starken Gefühlen wie Aufregung, Vorfreude, Unsicherheit oder Ängstlichkeit verbunden. Die Bewältigungsreaktionen und Anpassungsleistungen sind von Kind zu Kind unterschiedlich, auch hinsichtlich ihres Tempos.

Doch nicht nur das Kindergarten- oder Schulkind hat einen Übergang zu bewältigen, sondern ebenso seine Eltern. Sie werden von heute auf morgen Eltern eines Kindergarten- oder Schulkindes. Auch ihre Identität verändert sich mit diesem Moment.

Übergangsbewältigung als Entwicklungsaufgabe auf der interaktionalen Ebene

Der Übergang in die Kindertageseinrichtung ist mit Verlusterfahrungen und -ängsten in Hinsicht auf die primären Bezugspersonen und die vertraute häusliche Umgebung verbunden. Frühe Bindungserfahrungen spielen in die Veränderung kontextueller und interaktionaler Komponenten nicht unwesentlich mit hinein.

Mit dem Schuleintritt geht es um den Verlust von Beziehungen zu anderen Kindern, zu den Erzieherinnen und zur vertrauten Umgebung der Kindertageseinrichtung. Es müssen neue Beziehungen aufgebaut werden. Beim Eintritt des jungen Kindes in die Kindertageseinrichtung geht es zunächst um den Beziehungsaufbau zur Erzieherin und zu anderen Kindern, auch zu Kindern anderer Altersstufen. In der Schule wiederum muss sich das Kind, aus der altersgemischten Gruppe kommend, an eine Gruppe Gleichaltriger gewöhnen. Es muss in dieser vor allen Dingen aktiv an Gruppenbildungsprozessen mitwirken. Diese wurden vorher von der Erzieherin unterstützt. Das Kind muss hier wie da seine Position innerhalb einer Gruppe finden. Erleichterung kann in diesen Situationen schaffen, wenn das Kindergarten- oder Schulkind bereits mit einigen Kindern bekannt oder vertraut ist. Weiterhin unterstützend wirkt es, wenn sich Eltern und Erzieherin sowie Eltern und Lehrerin bereits vorher kennen lernen. Eltern müssen das Gefühl entwickeln können, ihr Kind mit ruhigem Gewissen einem neuen, fremden Menschen anvertrauen zu können. Sie leisten in diesem Moment einen Vertrauensvorschuss sowie die Übergabe von Verantwortung.

Die Beziehungen innerhalb der Familie verändern sich beim Eintritt in die Kindertageseinrichtung und in die Schule dadurch, dass das Kind mehr Selbstständigkeit entwickelt. Im Kindergartenalter kommt hinzu, dass Kinder häufig sehr müde und erschöpft sind, wenn sie nach Hause kommen. Reaktionen sind oftmals Quengeleien und Unzulänglichkeiten. In zunehmendem Alter, v. a. ab dem Schulalter, kommen häufig Selbstständigkeitsbestrebungen hinzu, die sich zuweilen in Machtkämpfen mit den Eltern zeigen. Eltern versuchen nicht selten, ihr Kind ab dem Schuleintritt mit Forderungen nach Sekundärtugenden wie Fleiß, Sorgfalt, Ordnung und Pünktlichkeit zu unterstützen, damit es seine neue Situation besser bewältigen könne. Das führt nicht selten zu Konflikten. Hinzu kommt, dass mit dem Rollenzuwachs sowohl an das Kindergartenkind wie an das Schulkind Erwartungen von außen herangetragen werden. Insbesondere beim Übergang in die Schule ist es wichtig, diese Erwartungshaltungen zu klären. Es sollte rechtzeitig von Schulseite transparent gemacht werden, was Lehrer, was die Schule vom Kind an intellektuellen, personalen wie sozialen Kompetenzen erwarten. Das schafft nicht nur Klarheit für die Eltern, sondern auch für Erzieherinnen. Dabei muss die Frage der Schulfähigkeit unter ökosystemischem Aspekt nicht nur die Fähigkeiten und Voraussetzungen des Kindes berücksichtigen, sondern auch die von Eltern, Erzieherinnen und dem entsprechenden sozialen Umfeld.

Gestaltung von Erziehungs- und Bildungspartnerschaften

Zuletzt soll noch einmal ein Faktor wertvoller pädagogischer Konzepte in den Blickpunkt gerückt werden: die Einbindung von Eltern in den Erziehungs- und Bildungsprozess ihrer Kinder durch die Kindertageseinrichtung.

Viele Erzieherinnen würden an der Stelle spontan sagen: „Natürlich binden wir die Eltern in unsere Arbeit ein. Wir informieren sie über unsere Abläufe und bieten in regelmäßigen Abständen Entwicklungsgespräche an. Unsere Eltern helfen bei Festen und anderen Aktivitäten. Schließlich gibt es auch noch den Elternbeirat." Das mag auch alles so stimmen. Doch nicht alleine die äußeren Merkmale und Angebote zeichnen Erziehungs- und Bildungspartnerschaft im eigentlichen Sinne aus. Wenn wir den Begriff von „Partnerschaft" ernst nehmen, bedeutet das: Begegnung auf einer Augenhöhe. Es bedeutet, gemeinsam Dinge auszutauschen, zu vereinbaren und zu verhandeln. Das setzt voraus, dass Erzieherinnen dies auch möchten und zulassen. Eltern sollen nicht nur bei Festen arbeiten und für die Einrichtung etwas „Sinnvolles" tun. Sie wollen und sollen wissen, was warum und wie in ihrer Kindertageseinrichtung so läuft, wie es läuft. Insbesondere heute, wo sich der familiäre und elterliche Fokus oftmals auf das einzige Kind richtet, steht alles, was das Kind betrifft, im Mittelpunkt.

Im Rahmen „echter" Erziehungs- und Bildungspartnerschaft geht es um das, was mit innerer Haltung gemeint ist. Es geht um den aufrichtigen Willen vonseiten der Erzieherinnen zur elterlichen Teilhabe und Gleichwertigkeit. Es geht auch darum, Eltern als Experten familiärer Erziehung wertzuschätzen und zu achten. Es geht um die professionelle Haltung von Erzieherinnen, die die elterliche Perspektive mit ihrer professionellen ergänzt und unterstützt. Es geht um das, was als gemeinsames Ziel von Erzieherinnen und Eltern formuliert werden sollte: das Wohl des Kindes und seine gesunde Entwicklung. Das wiederum kann nur gelingen, wenn sie die direkten Bezugssysteme des Kindes kennen, wenn sie ein aufrichtiges Interesse aneinander haben und sich über ihre Erfahrungen und Erwartungen sowie ihre jeweiligen Erziehungs- und Bildungsziele austauschen. Dabei zielt alles Bemühen auf die gesunde Entwicklung des Kindes.

Der Austausch gegenseitiger Haltungen und Ziele setzt allerdings auch voraus, dass Erzieherinnen zum einen fundiertes Fachwissen besitzen, auf Grund dessen sie argumentieren können. Zum anderen bilden konkrete Beobachtung und die Ermittlung des kindlichen Entwicklungsstands eine fundierte Grundlage. Dies ist schließlich Basis jeglicher Handlungsansätze und Fördermaßnahmen für das Kind. Eltern sollten in diese Beobachtungen mit eingebunden werden. Auch sie können in ihrem familiären Rahmen gezielt Verhalten beobachten und dies in den gemeinsamen Austausch mit der Erzieherin einbringen. Eltern können z. B. aufgefordert oder ermutigt werden, in Vorbereitung auf ein Entwicklungsgespräch eigene Beobachtungen zu gezielten Fragen anzustellen. Mit einer derartigen Einbindung der Eltern an der Teilhabe von Beobachtung kindlicher Entwicklung kann insbesondere eines erreicht werden: Den Eltern wird ein Verständnis davon vermittelt, wie das aktuelle Verständnis von Bildung und Lernen aussieht. Eltern können auf diesem Weg sehr viel Sicherheit erlangen und ein völlig neues, ressourcengestärktes Bild von ihrem Kind entwickeln. Das setzt voraus, dass Erzieherinnen eine häufig anzutreffende Angst oder Befürchtung ablegen, über diesen Weg der Teilhabe und Gleichwertigkeit eigene Kompetenzen zu verlieren oder ihr Ansehen als professionelle Fachkraft einzubüßen. Eine andere Sichtweise wäre die: Wenn pädagogische Fachkräfte derartige Prozesse der Öffnung ermöglichen und sie in angemessener Form steuern, kann ihr Ansehen bei Eltern und in der Öffentlichkeit wie auch ihre Professionalität nur gewinnen.

Zu dem Bedarf, die jeweiligen Bildungs- und Erziehungsziele auszutauschen und aufeinander abzustimmen, tritt zunehmend der Bedarf elterlicher Beratung. Eltern erleben heute sehr oft Unsicherheiten hinsichtlich dessen, was Medien als Optimum an Bildung und Erziehung vorgeben. Sie brauchen Unterstützung und Hilfestellung, um ihre Sicherheit wieder zu gewinnen oder auch um die eigenen erzieherischen Handlungskompetenzen auszubauen.

Neben der Begleitung und Unterstützung relativ „normal" verlaufender kindlicher Bildungs- und Entwicklungsprozesse gibt es jedoch auch immer wieder Beratungsbedarf in Engpäs-

sen. Schwierige Erziehungssituationen oder Besorgnis erregende gesundheitliche Entwicklungen ihres Kindes machen Eltern immer wieder rat- und orientierungslos. Ebenso zeichnen sich zunehmend Schwierigkeiten und Probleme in der eigenen Lebensbewältigung von Eltern ab. Armut, Arbeitslosigkeit, Krankheit, familiäre Gewalt sind nun schon zur Genüge benannt. Und dennoch sind sie real, wenn auch häufig verdeckt. Eltern und Familien brauchen daher einfühlsame Gesprächspartner, die ihnen erlauben, über Schwierigkeiten oder gar Tabus zu reden. Diese sollten ihnen jedoch nicht nur ein „wohlwollendes Ohr“ zur Verfügung stellen, sondern auch Möglichkeiten für Hilfe und Unterstützung aufzeigen können.

Neben der Akzeptanz und Wertschätzung der elterlichen Kompetenzen braucht eine gelingende Erziehungspartnerschaft demnach auch auf persönlicher Ebene Empathie, Wertschätzung und Vertrauen. Diese immer wieder herzustellen, zu reflektieren und zu pflegen ist eine permanente Aufgabe und Herausforderung für Erzieherinnen. Sie bedeutet im Alltag oftmals auch über eigene Pfründe hinwegzusteigen. Doch genau darin zeigt sich ihre Professionalität.

5.2 Kindertageseinrichtungen „neu denken" – Strukturen für die Zukunft

Damit Kindertageseinrichtungen heute und in Zukunft Familien besser entlasten und unterstützen können, müssen ihre Strukturen und Rahmenbedingungen neu ausgerichtet werden. Dabei geht es um die Erweiterung von Öffnungszeiten, auch wenn sich etliche Einrichtungen in dieser Beziehung schon sehr dem Bedarf angepasst haben. Es geht möglicherweise darum, in Randzeiten „Notgruppen“ zu installieren, mit niedriger personeller Besetzung. Auch das Angebot an Ganztagsbetreuung muss weiter ausgebaut werden; Mütter treten zunehmend wieder ins Erwerbsleben ein – sei es freiwillig oder gezwungenermaßen, sodass der Bedarf weiterhin steigt. Umgekehrt soll Frauen mit diesen Betreuungsangeboten der Wiedereinstieg ins Berufsleben erleichtert werden. Das kann schließlich auch zur finanziellen und atmosphärischen Entlastung von Familien beitragen.

Wenn Kinder krank werden, kann ein Elternteil nur begrenzte Zeit zu Hause bleiben. Wie können Familien, in denen beide Eltern arbeiten gehen, dies leisten, wenn ihr Kind sehr häufig oder über längere Zeit erkrankt? Für solche Fälle könnte z. B. in der Kindertageseinrichtung ein Raum zur Verfügung stehen („Kinderstation"), in dem etwa bis zu vier Kinder, die leicht krank sind, betreut werden können – zu einem zusätzlichen Pflegebonus. Für solche Fälle könnte evtl. sogar bei den Krankenkassen geprüft werden, ob eine Abrechnung der Kosten übernommen werden kann. Wo finden Alleinerziehende Entlastung, wenn sie einmal abends alleine weggehen möchten und es kein engeres soziales Netz gibt, das in diesem Fall die Betreuung des Kindes übernimmt? Hier müsste sogar über Übernachtungsmöglichkeiten nachgedacht werden, die als spezielles Dienstleistungsangebot („Kinderhotel") mit entsprechender Zuzahlung zum Betreuungsbeitrag abgerechnet werden könnte. Hierbei soll es nicht darum gehen, dass Eltern, insbesondere allein erziehende Eltern, gar ihr Kind „abschieben", sondern dass auch diese hier und da soziale Kontakte und Austausch mit anderen Erwachsenen für ihr eigenes seelisches Wohlbefinden benötigen.

Insgesamt sollte es um die Ermöglichung dessen gehen, dass familiäre Beziehungen entspannt(er) und entlastet(er) gelebt werden können. Kinder sollen nicht von der Familie zur Oma, dann zur Nachbarin und dann evtl. noch zur Tagesmutter gereicht werden müssen. Sie brauchen konstante und stabile Beziehungen. Wenn Kindertageseinrichtungen solche zusätzlichen Leistungen anbieten würden, könnte es sowohl für das Kind als auch für die Familie sehr unterstützend sein, denn sie müssten für „Notsituationen" nur eine einzige Anlaufstelle beanspruchen und das Kind wie auch die Eltern würden den entsprechenden Rahmen und die Bezugspersonen kennen.

Doch auch neue oder veränderte Schwerpunkte innerhalb pädagogischer Arbeit ziehen notwendige Veränderungen von Rahmenbedingungen nach sich. Erzieherinnen benötigen heute neben ihrer Arbeit am Kind sehr viel mehr Zeit für andere Tätigkeiten. So schlucken Dokumentationen kindlicher Bildungs-

und Entwicklungsbeobachtungen schnell das Kontingent an Verfügungszeiten. Diese müssten dringend aufgestockt werden. Auch die Zunahme an Elterngesprächen bedarf entsprechender Vorbereitungszeiten sowie Zeiten der Durchführung. Nur selten können sie innerhalb der regulären Öffnungszeiten stattfinden. Häufig müssen Elterngespräche am Abend oder sogar an Wochenenden stattfinden. Die Erreich- und Verfügbarkeit von Eltern hat sich durch Veränderungen betrieblicher Voraussetzungen und neue Herausforderungen auf dem Arbeitmarkt, der vielfach Berufspendler produziert, deutlich verändert.

Die gestiegene Beobachtungstätigkeit im Sinne individueller Förderung erfordert mehr Zeit für kollegialen Austausch und kollegiale Beratung. Zeitreservate für gemeinsame Teamgespräche sollten aus diesem Grund unbedingt erweitert werden. Doch es hilft nicht alleine, hier ein Ideal zu zeichnen, was sein müsste und könnte. An der Stelle sind die Verantwortlichen und Trägerinstitutionen gefordert, die die Voraussetzungen für die Herstellung eines solchen Rahmens schaffen müssen. Auf Erzieherinnenseite ist der Wille und das Bewusstsein dafür schon lange da.

Doch Kindertageseinrichtungen sollten sich auch auf anderen strukturellen Ebenen verändern. Auf Grund zunehmender Verinselung und Isolation von Familien, insbesondere von Einelternfamilien sollten sie ein Forum für Begegnung und Austausch von Eltern werden. Sie sollten Begegnungen von Eltern untereinander fördern und so zum Ausgangspunkt für Elternnetzwerke werden. Gegenseitige Unterstützung in Bring- oder Abholsituationen oder auch in Krankheitsfällen können auf diesem Wege eigenständig unter Eltern geregelt werden. Darüber hinaus ist zu überlegen, inwieweit ein Kontakt zu Tagespflegestellen über Kindertageseinrichtungen initiiert werden kann. In manchen Einrichtungen werden heute schon feste Sprechstunden von Tagespflegebüros angeboten. Information und Aufklärung über deren Aufgaben und Tätigkeiten könnten ebenso über die Kindertageseinrichtung stattfinden. Das fachliche Neben- und Miteinander von Erzieherinnen und Tagespflegeeltern, begleitet von gegenseitiger Akzeptanz sowie persönlicher und fachlicher Wertschätzung, kann die Inanspruchnahme von Tagespflegeangeboten durch Familien erleichtern. Hier sollte künftig ein stärkerer Blick auf die gemeinsamen Ziele von Tagespflege und Kindertageseinrichtung entwickelt werden.

Doch auch Beratungsleistungen hinsichtlich gezielter Fördermaßnahmen könnten in Kindertageseinrichtungen implementiert werden (z. B. durch Sprechstunden von Logopäden und Ergotherapeuten oder des örtlichen Gesundheitsamtes). Insbesondere sollte über das Angebot psychosozialer Beratung nachgedacht werden. Ein solches könnte fest in das Programm von Kindertageseinrichtungen aufgenommen werden. Diese Frage scheint insbesondere dahingehend relevant, als zum einen die Erzieherinnen durch adäquate – hausinterne oder unmittelbar vernetzte – Beratungsstellen entlastet werden, zum anderen könnten sie sich diese für ihre eigene Arbeit zu Nutze machen, z. B. hinsichtlich Fall- oder auch Teamsupervisionen.

Auch eine verstärkte Öffnung für den Kontakt zu Gruppen und Vereinen aus dem sozialen Umfeld könnte in vielen Kindertageseinrichtungen überprüft werden. Dies kann darüber geschehen, dass entweder Gruppen oder Vereine ihre Räumlichkeiten dem Kindergarten zur Verfügung stellen oder aber dass selbige die Räume des Kindergartens für ihre Angebote nutzen. Das, was bei der Kindertageseinrichtung als „Begegnungs- und Nachbarschaftszentrum“ gedacht ist, könnte hiermit konkrete Gestalt annehmen. Schließlich zeichnet sich gesamtgesellschaftlich ein Trend ab, der Kindergärten zu zunehmend informellen und institutionellen Bildungsorten werden lässt.

Doch diese Beispiele sind nicht alleine Zukunftsvisionen, sondern mancherorts bereits gelebte pädagogische Praxis.

6 Merkmale zukünftiger Personalqualität: Persönlichkeit und professionelles Handeln

Die jüngsten Forschungsergebnisse hinsichtlich kindlicher Bildungs- und Entwicklungsprozesse sowie die sich daraus ergebende Notwendigkeit neuer konzeptioneller Ausrichtungen erfordern eine neue Definition von Qualitätsmerkmalen hinsichtlich professionellen Handelns und den Anforderungen an die Persönlichkeit von Erzieherinnen.

Erzieherinnen müssen in ihrem Auftrag und ihrer Verantwortung für eine gesunde Entwicklung von Kindern ein breit gefächertes Spektrum an Rollen einnehmen. Grundlage jedes pädagogischen Handelns muss dabei sein, den Auftrag frühkindlicher Bildung als Menschenbildung zu verstehen. Wenn wir uns vor Augen führen, welche Bedeutung Erzieherinnen sowohl für Kind, Familie und Gesellschaft haben, müssen sie dazu bereit und in der Lage sein, Verantwortung zu übernehmen. Dies erfordert eine stabile Persönlichkeit. Erzieherinnen müssen insbesondere ein eindeutiges Selbstverständnis von ihrer beruflichen Identität entwickeln. Ohne das Herausbilden einer beruflichen Identität ist schließlich keine berufliche Handlungskompetenz erreichbar.

Frühkindliche Bildung bedarf zunächst zumindest einer ausgewogenen, tragfähigen und stabilen Beziehung. Dazu braucht es Erzieherinnen, die fähig sind, zuverlässige und tragfähige Bindungen oder Beziehungen aufzubauen und zu pflegen, zu den Kindern wie auch zu den Eltern der Kinder. Das erfordert Offenheit, die Fähigkeit auf andere zuzugehen und die Bereitschaft für Empathie, Achtung und Wertschätzung des Gegenübers.

Erzieherinnen brauchen hohe kommunikative Kompetenzen. Sie müssen nicht nur gut zuhören können, sondern benötigen hinreichend Wissen über die Grundlagen von Kommunikation und Gesprächsführung. Darüber hinaus gewinnt in der Bewältigung des pädagogischen Alltags, insbesondere auf dem Feld der Elternarbeit, Beratungskompetenz zunehmend an Bedeutung. Ein wesentliches Qualitätsmerkmal innerhalb pädagogischer und beraterischer Tätigkeit liegt nachweislich in einem hohen Selbstreflexionsvermögen. Erzieherinnen brauchen auf Grund vielfältiger Interaktions- und Kommunikationsfelder innerhalb ihres Aufgabenspektrums die Fähigkeit zur Reflexion, und zwar hinsichtlich dieser Interaktions- und Kommunikationsprozesse sowie ihrer eigenen Rolle darin. Die regelmäßige Auseinandersetzung mit der eigenen Haltung den Kindern gegenüber sowie das Bewusstmachen der eigenen Vorbildrolle erscheint als eine der grundlegendsten Anforderungen an Professionalität und Persönlichkeit von Erzieherinnen.

Sie benötigen ein sicheres Verständnis davon, wo ihre Stärken und Schwächen liegen und schließlich die Bereitschaft, Schwächen in Stärken zu verwandeln. Das schließt auch die Bereitschaft ein, an sich und der eigenen Persönlichkeit zu arbeiten. Das erfordert zum einen Mut, zum anderen Flexibilität.

Mut ist Erzieherinnen ein ebenso wertvoller Wegbegleiter, wenn es darum geht ihr eigenes Profil sowie das der Einrichtung zu zeigen und nach außen zu vertreten. Auch für Veränderungen struktureller Angebote und Dienstleistungen brauchen sie Mut: Mut, von vorgeprägten Gedankenmustern abzuweichen und diese weiterzuentwickeln. Der Bedarf an Innovation herkömmlicher Organisationsformen erfordert darüber hinaus ein permanentes Umstellen und sich Ausrichten zwischen Kindern und Erwachsenen.

Im Zentrum (und manchmal auch im Kreuzfeuer) aktueller Bildungsdiskussionen brauchen Erzieherinnen ein gutes Maß an Selbstbewusstsein, Kritikfähigkeit und Stehvermögen. (Manchmal brauchen sie aber auch einfach die Gelassenheit, Dinge sich entwickeln zu lassen.)

Doch neben diesen vielfältigen Persönlichkeitsmerkmalen brauchen Erzieherinnen vor allen Dingen eines: Fachwissen. Das bezieht sich insbesondere auf die Themenspektren, die in den vergangenen Jahren den Auftrag von Kindertageseinrichtungen hinsichtlich ihrer Aufgabe von Bildungs- und Entwicklungsförderung noch einmal genauer beschrieben und zum Teil neu definiert haben. Es geht dabei um neueste Erkenntnisse der Kognitions- und Hirnforschung sowie der Entwicklungspsychologie. Als wesentliche Stichworte seien hier beispielhaft die Gestaltung von Lernprozessen über Ganzheitliches Lernen, das Nutzen von Lernfenstern, die Gestaltung von Lernumgebung und Lernarrangements, das Fördern lernmethodischer Kompetenzen, die Berücksichtigung der Prinzipien „Konstruktion von Wissen“ und „Ko-Konstruktion“, Bindungstheorien sowie das Fördern von Schlüssel- und Basiskompetenzen von Kindern genannt. Hier gilt es sicherlich notwendige Wissenslücken zu schließen. Ein großer Fortbildungsbedarf hinsichtlich fachlicher Kompetenzen besteht vor allem im Bereich von Wahrnehmung und Beobachtung kindlicher Bildungs- und Entwicklungsprozesse und der Bildungs- und Lerndokumentationen.

7 Schlussbemerkung

Die Welt, in der Kinder heute aufwachsen, stellt eine große Herausforderung für die Frühpädagogik dar. Wir alle sind schließlich gehalten, an der Gestaltung einer Welt, in der ein gesundes und friedliches Miteinander möglich ist, verantwortungsvoll mitzuwirken. Innerhalb der Bildungssysteme können Kindertageseinrichtungen über ihren spezifischen Beitrag möglicherweise sogar die wichtigste Komponente bilden.

Mit diesen Beiträgen sollte ersichtlich werden, wie vielschichtig sich heute die Voraussetzungen für eine gesunde Entwicklung und qualitätsvolle Bildung von Kindern darstellen. Dabei liegt die Verantwortung für eine solche bei weit mehr Instanzen als bei den Personen der Erzieherinnen selbst. Doch bei allem, was an Qualitätsmaßstäben für Kindertageseinrichtungen beschrieben wird, bei allem, was es an Empfehlungen an Politik, Träger und Einrichtungen zu richten gilt, gibt es doch einen Faktor, der sich nicht mit Messlatten, Ist- und Sollvorgaben definieren und korrigieren lässt. Es ist der humanitäre, der menschenfreundliche Qualitätsmaßstab. Ein solcher wird bedingt durch das Wohlwollen aller, die einen Einfluss auf kindliche Bildung und Entwicklung haben. Die Zukunft unserer Kinder und nicht zuletzt all jener, die in unserer Gesellschaft leben und diese prägen, muss vor allem eines pflegen: die Würde und die Rechte auf körperliche wie seelische Unversehrtheit des Anderen. Diese Verantwortung tragen wir alle.

Ich wünsche insbesondere all jenen, die auf professioneller Ebene einen aktiven Teil dazu beitragen, dass Kinder und Jugendliche trotz schwieriger Bedingungen in dieser Gesellschaft heranwachsen können, dass sie diese zu solch verantwortungsvollen Menschen zu bilden vermögen und dass sie somit ihrer so wertvollen Aufgabe für unsere Kinder und die Zukunft unserer Gesellschaft gerecht werden können.

Insbesondere wünsche ich Erzieherinnen die Anerkennung für diese so wichtige und wertvolle Aufgabe, die sie alltäglich leisten und zu leisten haben. Ich wünsche ihnen auch unter nicht immer einfachen Arbeitsbedingungen und beruflichen Herausforderungen Erfüllung in ihrer Arbeit durch den Erfolg, der für sie nicht immer unmittelbar ersichtlich wird. Ich wünsche diesem Berufsfeld auch einen Anstieg von männlichem Fachpersonal. Kinder brauchen für eine gesunde und ausgewogene Entwicklung sowohl männliche als auch weibliche Vorbilder und Orientierungsobjekte.

Vor allem wünsche ich den Fachleuten in Kindertageseinrichtungen Mut und Stehvermögen und den festen Willen, sich den weiteren Herausforderungen zu stellen. Ich wünsche ihnen die Motivation immer wieder aktiv an ihrer fachlichen und persönlichen Weiterentwicklung zu arbeiten, um mit Freude und Profession im beruflichen Alltag zu bestehen.

Damit Sie für sich oder auch in Ihrem Team genau an der Stelle ansetzen können, ist hier ein Praxisbaustein anfügt, der für die konzeptionelle Arbeit direkt umgesetzt werden kann. Auf diesem Weg können Sie sich selbst, Ihre Haltung und Ihr Handeln im Lernprozess mit den Ihnen anvertrauten Kindern überprüfen. So lassen sich Ihre eigenen Handlungsfelder anhand der Prinzipien lebendigen Lernens reflektieren und Ihr eigener Stellenwert als Erzieherin in diesem Prozess lässt sich ergründen.

8 Anhang

Überprüfen Sie Ihre eigene pädagogische Haltung im gemeinsamen Lernprozess mit Kindern

Zu den zentralen Erkenntnissen aktueller Forschungsbemühungen hinsichtlich frühkindlicher Bildung zählen das selbsttätige und ganzheitliche Lernen sowie das Lernen in Beziehungen. Es geht um nachhaltiges Lernen über Metakognition, um das Lernen, wie man lernt, und um den Erwerb lernmethodischer Kompetenzen.

Es bedarf demnach neuer Formen des Lernens, und zwar für Kinder und Erwachsene, die über den gewohnten Weg der Wissensvermittlung hinausgehen. Es geht um Formen effektiven und lebendigen Lernens, bei denen sich der Mensch, hier im Besonderen das Kind, aktiv mit seiner Umwelt auseinander setzt und ko-konstruierend mit ihr in Interaktion tritt. Ebenso soll das Lernen in allen Sinnes- und Erfahrungsbereichen ermöglicht werden.

Im Folgenden werden 10 Prinzipien lebendigen Lernens aufgeführt. (Diese lehnen sich an Textors Prinzipien von Projektarbeit an; Textor 1995). Sie sollen einerseits verdeutlichen, welche Ziele effektives und lebendiges Lernen verfolgt, was es charakterisiert und vor allen Dingen, welche Rolle jeweils das Kind und die Erzieherin dabei innehaben. Dabei ist es unumgänglich, dass sowohl die einzelne pädagogische Fachkraft für sich wie auch das gesamte Team einer Einrichtung überprüfen, inwieweit sie die Charakteristika lebendigen Lernens in ihrer Arbeit und insbesondere hinsichtlich der Lernprozesse mit Kindern bedenken, berücksichtigen und umsetzen. Erst dann können Sinn und Zweck dieser Lernprinzipien und schließlich eine förderliche und wertschätzende Haltung dem Kind gegenüber gewährleistet werden.

Mit den folgenden Prinzipien treten Begrifflichkeiten auf, wie sie in den verschiedenen Bildungs- und Orientierungsplänen für den Kindertagesstättenbereich wiederzufinden sind. Zwar gibt es inhaltlich bezüglich dieser Begrifflichkeiten Verwandtschaften und Überschneidungen. Insgesamt soll jedoch durch die jeweiligen Darstellungen ermöglicht werden, dass die entsprechenden Begriffe mit konkreteren Inhalten gefüllt werden können.

a) Kindorientierung

Als erstes und oberstes der zehn Prinzipien ist die Kindorientierung zu nennen. Auch in den Darstellungen der neun weiterführenden Prinzipen lebendigen Lernens wird im Einzelnen immer wieder sehr stark der Fokus auf das Kind und auch darauf gerichtet, was für das Kind und seinen Lernprozess wesentlich und zu bedenken ist. Alleine darin zeigt sich hier die Kindorientierung. Ebenso wird darauf hingewiesen, was Erzieherinnen in ihrer Haltung dem Kind gegenüber beachten und reflektieren sollten.

Kindorientierung meint konkret, dass die pädagogische Haltung des Erziehenden, die Art, wie er dem Kind begegnet wie auch die methodischen Aspekte der Gestaltung von Lernprozessen in erster Linie auf das Kind ausgerichtet sind. Das setzt eine gute Wahrnehmung und Beobachtung dessen voraus, was das Kind an Interessen, Neigungen, Bedürfnissen und Erfahrungen mitbringt. Diese sollten als Ausgangspunkt bei der Auswahl von Themen (für Lernarrangements, Projekte, Veränderungsprozesse in der Kindertageseinrichtung etc.) berücksichtigt werden. Kindorientierung heißt also, Kinder mit ihren Themen wahr- und ernst zu nehmen, Überlegungen und Planungsprozesse so zu gestalten, dass sie für Kinder verständlich und erfahrbar sind. Dasselbe gilt für die Durchführung von Abläufen und

Aktivitäten. Die Lernprozesse von Kindern sollten von Anfang an so gestaltet und ermöglicht werden, dass sich das Kind darin wiederfindet – sowohl passiv, indem es „seine" Themen sind, wie auch aktiv durch kindgemäße Methoden und Verfahren.

Beispiel:

Sie halten regelmäßig in Ihrer Gruppe einen Gesprächskreis, bei dem Kinder von Vorkommnissen des Kindergartentages berichten können. Die Kinder können und sollen dabei Erfreuliches wie auch Unerfreuliches berichten. Nun berichten verschiedene Kinder zum wiederholten Male, dass die Traumecke die letzten Tage eher als Hüpf- und Springburg genutzt wird, anstatt als Ruhe- und Rückzugsmöglichkeit. Sie fragen schließlich die Kinder, die in diesem Raum beim Hüpfen beobachtet wurden, was dieser Raum für sie so interessant macht. Dabei erfahren Sie von den betroffenen Kindern, dass gerade die dort liegenden Matratzen dazu motivieren, zu springen. Außerdem könne man dort beim Springen hinfallen, ohne dass man sich weh tue. Durch diese Information vonseiten der Kinder überlegen Sie nun mit der Gruppe gemeinsam, wie man dem Spring- und Bewegungsbedürfnis mancher Kinder gerecht werden kann, ohne dabei das Ruhe- und Rückzugsbedürfnis der anderen Kinder zu beschneiden. Das bedeutet in dieser Situation: Sie nehmen die unterschiedlichen Bedürfnisse der Kinder „wahr". Die Kinder entwickeln nun auch selbst „ihre" Lösungen. Manche schlagen vor, dass der Raum zu bestimmten Zeiten als Hüpfraum benutzt werden könne. Andere wiederum überlegen, in einer Ecke im hinteren Gebäudeteil Matratzen auszulegen, wo gehüpft und gesprungen werden kann, wo auch Decken liegen könnten, um Höhlen zu bauen. Sie sammeln die Lösungsvorschläge der Kinder und überlegen dann gemeinsam mit ihnen, ob und welche Maßnahmen für die einzelnen Varianten getroffen werden müssten (evtl. noch Matratzen aus alten Familienbeständen der Kinder besorgen, die Kinder der anderen Gruppen informieren etc.). Dadurch sind Sie offen für die Perspektive der Kinder und trauen ihnen zu, „ihre" Lösungen zu entwickeln und umzusetzen. Schließlich lassen Sie gemeinsam abstimmen, was als Folge daraus verändert werden soll.

Überprüfen Sie sich selbst:

- Inwieweit bin ich mir bewusst, dass die Themen der Kinder entscheidend sind für ihren eigenen und einen nachhaltigen Lernprozess?
- Höre und erkenne ich die Themen der Kinder?
- Wie genau beobachte und analysiere ich die Bildungsthemen der Kinder?
- Kann ich mich auf die Ebene des Kindes einlassen, um genau seine Bedürfnisse zu erspüren oder zu erfahren?
- Frage ich die Kinder nach ihren Wünschen, Anliegen, Vorstellungen und Lösungsansätzen, was Projektthemen oder z. B. räumliche Gestaltungsprozesse betrifft?
- Nehme ich die kindliche Perspektive ernst?
- Beziehe ich die Perspektive der Kinder in meinen Überlegungen und Planungen mit ein?
- Sehe ich die Kindertagesstätte in erster Linie als Lebens- und Lernraum für die Kinder?

b) Ganzheitliches Lernen

Wenn sich Erzieherinnen vor Augen führen, in welchem Entwicklungsalter die Kinder meist zu ihnen in die Einrichtung kommen, wird deutlich, dass dies ein Alter ist, in dem das Kind Erfahrungen überwiegend über seine Sinne, über die Wahrnehmung – und zwar auf allen Ebenen – macht. Diese Wahrnehmungserfahrungen werden im Gehirn gespeichert, sodass sie als ganzheitliches Erfahrungsbild abrufbar werden.

Das Kind bringt sich in seinem Wirken, Denken und Fühlen immer als ganzes Wesen ein. Es nimmt mit all seinen Sinnen wahr, es reagiert in der Regel nicht nur auf der seelisch-geistigen Ebene, sondern darüber hinaus auch auf der körperlichen. Je vielfältiger Kinder Erfahrungen machen können, sich sinnlich, körperlich, geistig, emotional und sozial ausprobieren können, umso kompakter werden ihr Wissen, ihre Abstraktionsfähigkeit, ihr Urteilsvermögen und ihre Kommunikationsmöglichkeit. Je vielfältiger diese Erfahrungen sind, umso mehr kann sich das Kind als eigenständige Persönlichkeit und in seinem Selbstbild sehen und äußern. Dies alles führt es schließlich hin zu Selbstsicherheit, Lebenstüchtigkeit, Eigenverantwortung und Selbstständigkeit.

Beispiel:

Hört ein Kind Musik, sehen Sie an seiner Mimik, Gestik und seiner gesamten körperlichen Bewegung, wie es diese akustische Wahrnehmung ganzheitlich umsetzt. Diese Wahrnehmung nimmt seinen ganzen Körper, den Bewegungsfluss, seine Gestimmtheit ein. Das Kind macht die Erfahrung, dass es Lautfolgen und Rhythmen gibt, die es zu Bewegungen veranlassen, die man „Tanz" nennt, die Spaß machen. Es lernt, dass es musikalische Abfolgen gibt, sie sich wiederholen können, dass es solche wiedererkennen kann, dass es sich daran und an der selbst gesteuerten Bewegung oder auch an der Bewegung, mit der es sich der Musik hingibt, erfreuen kann. Es erfährt, dass diese Musik Lust auslöst, dass es beim Tanz in Kontakt mit anderen treten kann, dass Tanz und Musik eine Gemeinschaftsform und ebenso eine individuelle Ausdrucksform sein können. Es erlebt, dass es andere damit zum Mitmachen motivieren kann, dass es mit seinem Tanz möglicherweise auch andere erfreuen kann usw.

Überprüfen Sie sich selbst:

- Gestalte ich das räumliche und das spielerische Angebot in unserer Einrichtung oder Gruppe ganzheitlich?
- Biete ich vielfältige Erfahrungsmöglichkeiten für alle Sinne an?
- Lasse ich auch mal laute Geräusche zu (z. B. bei Experimenten, am Werktisch oder dergleichen), damit die Kinder vielfältige und damit auch wertvolle Erfahrungen machen können?
- Suche ich bei Angeboten oder Vorschlägen von Kindern tiefer gehende sinnliche Erfahrungen, um ein ganzheitliches Erleben zu ermöglichen?
- Habe ich selbst bevorzugte Wahrnehmungskanäle (bin ich z. B. eher visuell, auditiv oder kinästhetisch veranlagt)?
- Wie bewusst erlebe und gestalte ich selbst meine persönliche Umgebung?
- Kann ich selbst genießen? Was heißt Genuss für mich?
- Lade ich Kinder zum Genießen ein?
- Lasse ich Kinder genießen?

c) Selbsttätigkeit

Erzieherinnen sollten an den Selbstbildungspotenzialen der Kinder ansetzen und sie im Begreifen und Entdecken von Zusammenhängen ermutigen und unterstützen. Ganz wesentlich ist dabei die Tatsache, dass Kinder von Natur aus neugierige, aktive Wesen sind, die Fragen nachspüren, Dinge ausprobieren und etwas selbst machen wollen. Diese Motivation gilt es unbedingt zu erhalten und zu unterstützen, denn sie bedingt, dass sich Kinder mit einem Problem oder einer Tätigkeit länger auseinander setzen. Die Erfahrungen, die sie durch ihr eigenes Tun machen, lassen Dinge für sie anschaulich und konkret werden. Hier vollzieht sich Bildung als Selbstbildung und als Konstruktion. Selbstbildung wiederum braucht als Grundlage stabile Beziehungen, sichere emotionale Bindungen, die den Kindern ermöglichen, sich in ihren Themen verstanden zu fühlen, und die ihnen Rückhalt bei der Erforschung der Welt bieten. Auch hier kommt wieder die Haltung der Erzieherin zum Tragen: Wie sehr lässt sie das Kind seine eigenen Erfahrungen machen, es sich selbst auf die Suche begeben? Wie signalisiert sie in ihrer Haltung gegenüber dem Kind das Zutrauen: „Du wirst es schon schaffen. Ich traue dir zu, dass du eine Lösung findest. Du darfst deine eigenen Erfahrungen machen, deine eigenen Ideen verfolgen, deine eigenen Lösungswege gehen.“?

Mit einer solchen fördernden und unterstützenden erzieherischen Haltung gestattet sie dem Kind seine ganz eigenen Erfolge, die wiederum Motor und Motivation für die weitere Exploration seiner Umwelt darstellen.

Beispiel:

> Ein Kind sucht sich ein – seiner Entwicklungsstufe nach zu urteilen evtl. eher schwieriges – Puzzle aus dem Angebot des Gruppen- oder Spielzimmers. Es kippt alle Puzzleteile auf den Tisch und legt scheinbar wahllos ein Puzzleteil an verschiedene andere, um herauszufinden, ob es dazu passt. Sie jedoch – mit Ihren Erfahrungen als Erwachsene und einem gewissen logischen Verständnis – wissen, dass es einfacher wäre, zunächst die Eck- und Randteile herauszusuchen, damit das Vorhaben schneller gelingt.
> Vielleicht kommt das Kind nach einer ganzen Weile zu Ihnen, um Sie um Hilfe zu bitten – oder es fragt ein anderes Kind um Hilfe. Vielleicht kommt es aber auch selbst mit seiner Methode voran und stellt sich der Herausforderung, zeigt Ausdauer und Erfindungsgeist.

Überprüfen Sie sich selbst:

- Gestehe ich Kindern ihre eigenen Vorgehensweisen zu?
- Gestehe ich Kindern ihr eigenes Tempo zu?

- Wie schnell versuche ich, Lernprozesse zu beschleunigen und bringe meine Erfahrungen und mein Wissen (zu) früh in die vom Kind gewählten Lernprozesse ein?
- Werde ich unruhig in meinem Verhalten oder zeige ich möglicherweise sogar mimisch oder verbal meine Ungeduld, mein Misstrauen dahingehend, dass das Kind eine Aufgabe eigenständig erfüllen kann?
- Kann ich mich (nur) beobachtend am Rande des Geschehens bewegen und vielleicht nur „auf Abruf", bei Wunsch nach Unterstützung vonseiten des Kindes, in das Geschehen eingreifen?
- Signalisiere ich mit meiner Haltung unbedingte Akzeptanz und Wertschätzung des Kindes – egal, was es sich als Spiel- und Lernthema sucht, ganz gleich, wie es körperlich wirkt, wie es kulturell eingebettet ist, wie seine familiären Bedingungen sind?

d) Entdeckendes Lernen

In den neueren Bildungsplänen wird dem Bild vom Kind ein besonderer Wert beigemessen. Das Kind wird als Wesen verstanden, das in seine jeweiligen kulturellen und lokalen Gegebenheiten eingebettet ist. Vor allem wird es nicht (mehr) als Objekt der Bildungsbemühungen anderer gesehen, sondern vielmehr als Subjekt im Bildungsprozess behandelt. Es gilt somit als kompetent handelndes Wesen, das sich die Welt selbst aneignet, das seine Entwicklung, sein Lernen und seine Bildung ko-konstruiert. Das heißt: Das Kind lernt, indem es sich mit seiner Umgebung und seinem sozialen Kontext auseinander setzt.

Das setzt wiederum voraus, dass Erzieherinnen dem Kind diese Form des Lernens zugestehen, Versuch und Irrtum zulassen, das Kind evtl. auch Fehler machen lassen müssen bzw. es eigene Wege bei Problemlösungsmöglichkeiten gehen lassen, die möglicherweise andere sind, als sie selbst einschlagen würden.

Kinder haben von Geburt an eine natürliche Neugier und ein Explorationsverhalten, das ihnen ermöglicht, sich die Welt anzueignen. Manchmal ist es erforderlich, das Kind mit einer Frage oder einem Problem zu konfrontieren, wodurch seine natürliche Neugierde und Entdeckerfreude geweckt wird. Ebenso kann es sein, dass die Erzieherin im Gespräch mit dem Kind auf einen zu lernenden Sachverhalt hinführt und dabei den Reiz des Themas deutlich macht. Kindern Themen zuzumuten ist im pädagogischen Alltag ebenso ihr Auftrag wie die Themen der Kinder zu analysieren und aufzugreifen. Gerade in dieser Beziehung wurde seit Einführung des situationsorientierten Ansatzes in Kindertageseinrichtungen in den 70er-Jahren vieles versäumt und außer Acht gelassen, sodass es häufig anmutete, Kinder seien in ihren Bildungsprozessen in den Kindertagesstätten eher sich selbst überlassen. Häufig ist und war vielmehr eine Unsicherheit seitens der Erzieherinnen zu beobachten, die nicht in den natürlichen Bildungsprozess der Kinder eingreifen möchten – da sie das Kind als Subjekt seiner Entwicklung sehen und ernst nehmen wollen. Dadurch werden und wurden möglicherweise wichtige Bildungsansätze im Entwicklungsprozess der Kinder nicht genutzt. Heute wird viel deutlicher formuliert und gefordert, dass Erzieherinnen neben dem Beobachten, Analysieren, Erkennen und Aufgreifen der Bildungsthemen von Kindern ebenso den Auftrag haben, Bildungsanlässe zu schaffen und Kinder dadurch ihrer Entwicklung gemäß zu fordern und zu fördern.

Entscheidend ist dabei, wie weit sich Erzieherinnen selbst in den Bildungsprozess einbringen und wie weit sie das Kind seine eigenen, so wichtigen Erkundungen machen lassen.

Beispiel:

Ein Kind nimmt im Außengelände Ihrer Einrichtung eine Gruppierung von Pilzen unter einem Baum wahr. Begeistert ruft es Sie zur Stelle, um sie Ihnen zu zeigen. Sie lassen zunächst das Kind berichten, was es alles über diese Pilze weiß, wo diese noch wachsen, wo es solche schon einmal gesehen hat, ob es weiß, wie sie heißen, etc. Sie beobachten genau, wie weit sein eigenes Interesse und sein Wissen dabei geht. Das Kind möchte sich evtl. einen Pilz näher ansehen und Sie lassen es überlegen, wie es das am besten machen kann. Vielleicht darf es sogar einen aus der Erde graben, um ihn anderen Kindern zu zeigen (sofern Sie sicher sind, dass er nicht giftig ist). Sie unterstützen seinen Erkundungsdrang, indem Sie es anregen, mehr über diese Pilze zu erfahren, entweder über ein Pilz-Bestimmungsbuch, über einen Forstwirt etc. Vielleicht möchte es die Pilze auch fotografieren.

Überprüfen Sie sich selbst:

- Wie sehr lasse ich die Kinder selbst entdecken und erforschen?
- Begleite ich die Kinder dabei in der Art, dass ein gutes Maß an Möglichkeiten für eigenständiges Ausprobieren und Explorieren sowie an unterstützender und förderlicher Hilfestellung meinerseits vorliegen?
- Wie viel (oder wie wenig) bringe ich mich selbst in Bildungsprozesse ein, indem auch ich Lernimpulse setze, zur Auseinandersetzung mit Dingen und Themen motiviere?
- Ist die räumliche Gegebenheit, sind die räumlichen Bedingungen in und um unsere Einrichtung so geschaffen, dass Kinder eine möglichst große Vielfalt an Erkundungsmöglichkeiten haben?
- Welche Möglichkeiten sehe ich, diese zu erweitern?
- Können Kinder ungefragt an möglichst viel Material gelangen?
- Werden sie in einen sachgerechten Umgang mit Werkzeug eingewiesen?

- Gibt es ausreichend Material, mit dessen Hilfe Kinder selbst Lösungen und Erklärungen finden können (z. B. Lexika, Gebrauchsanweisungen, die auch für Kinder „lesbar" sind, etc.)?

e) Handlungsorientierung

Wie bisher anschaulich gemacht, lernt das Kind durch sein eigenes Handeln, Spielen, Ausprobieren, Erkunden und Überlegen. Handlungsorientierung bezieht sich allerdings nicht nur auf den tätigen Umgang mit Gegenständen, sondern auch auf soziale Rollen. Das Kind erfährt in der Interaktion mit verschiedenen Zielgruppen (das können Kinder aus seiner Gruppe sein, aus anderen Gruppen oder aus Freizeitangeboten, die eigene Erzieherin, Erzieherinnen aus anderen Gruppen, die Eltern, Großeltern, Nachbarn und andere Erwachsene) unterschiedliche Erwartungen, Zuwendungen und Rollenzuschreibungen. Es erlebt z. B. wie es ist in Konflikt zu geraten und auch darin Lösungen zu finden. Das heißt: Das Kind erlebt sich auf vielen verschiedenen Handlungsebenen als handelndes Subjekt. Auch hier wird deutlich, dass das Kind in der Auseinandersetzung mit seiner Umwelt (der gegenständlichen wie auch der sozialen) lernt und zu neuen Erkenntnissen kommt.

Beispiel:

Hier soll das Beispiel des Puzzlespiels noch einmal aufgegriffen werden: Das Kind lernt durch das eigenständige Ausprobieren. Es versucht visuell ähnliche Figuren und Komponenten zu ergänzen und zusammenzuführen. Es sieht, greift, legt zusammen. Vielleicht lernt es aber auch nach einiger Zeit erfolglosen Ausprobierens durch sein Scheitern, dass dies ein ungeeigneter oder vielleicht auch nur schwieriger Lösungsweg war. Möglicherweise lernt es schlussendlich dadurch, dass es vor dem Scheitern andere Personen hinzuziehen kann, die ihm Anregungen und Lösungswege zeigen, und tauscht dabei seine Erfahrungen mit denen anderer Personen aus.

Überprüfen Sie sich selbst:

- Bin ich bereit und in der Lage das Kind als eigenständig handelndes Subjekt zu sehen?
- Ist mir bewusst, dass das Kind in unterschiedlichen Kontexten sowie im Zusammensein und in der Auseinandersetzung mit anderen Personen verschiedene und eigene Rollen einnimmt und gerade dadurch wertvolle Erfahrungen für seine Lebensbewältigung macht?
- Ist mir bewusst, dass sich das Kind in seinem Handeln mit seiner Ganzheit einbringt?
- Ist mir bewusst, dass das Kind am besten über das eigene Tun und Handeln lernt, dass dies die dem Kind und insbesondere seinem Entwicklungsalter entsprechende Lernform ist?
- Gebe ich ihm genügend Raum und Gelegenheit, selbst zu handeln?

f) Exemplarisches Lernen

Exemplarisches Lernen meint, dass an einem bestimmten Beispiel oder Phänomen allgemeine Zusammenhänge, Strukturen und Gesetzmäßigkeiten aufzuzeigen sind. Das vom Kind in einem gewissen Sinnzusammenhang Erlernte und Erlebte kann somit als Beispiel für vieles andere genommen werden. Die in einer konkreten Situation gemachten Erfahrungen sind auf viele weitere übertragbar. Das kann ebenso für das Kind heißen: „Mein Problem, meine Frage oder mein Thema ist für viele andere auch eines." Dadurch kann es Erleichterung und Vorwissen erlangen für den Fall, dass ihm künftig wieder eine ähnliche Situation begegnet. Es kann aber auch mit ähnlich betroffenen Personen gemeinsam Lösungen suchen oder entwickeln.

Vor allem aber wird durch ein Verbalisieren des Erlebten und Gelernten ins Bewusstsein gerückt, dass es gelernt hat und was genau gelernt wurde. Das Kind weiß nun um sein Wissen.

Beispiel:

Sie backen mit einer Kindergruppe Kuchen. Zuvor gehen Sie zusammen einkaufen und stellen dann gemeinsam den Kuchenteig her. Sie wiegen die Zutaten ab, vermengen sie miteinander, bis schließlich der Kuchen in eine Form und in den Backofen kommt. Die beteiligten Kinder lernen dabei: Zum Kuchen backen braucht es immer gewisse Zutaten: Mehl, Butter, Eier, Zucker. Mit bestimmten Küchengeräten können diese Zutaten miteinander verrührt werden. In einer Kuchenform (dabei gibt es unterschiedliche Formen), die schließlich in den Backofen geschoben wird, wird das Zutatengemisch dann zu einem fertigen Kuchen gebacken. Dazu muss eine bestimmte Zeit eingehalten werden, damit der Kuchen nicht verbrennt und genießbar ist.
Dieses Wissen können die Kinder nun bei künftigem Kuchenbacken anwenden.

Überprüfen Sie sich selbst:

- Stelle ich bei einzelnen Handlungsabläufen oder Lerninhalten Bezüge zu ähnlichen Komplexen her?
- Mache ich mir diese selbst bewusst?
- Stelle ich solche Zusammenhänge eher während eines Prozesses oder spätestens im Anschluss daran her?
- Verbalisiere ich mein Tun und Handeln, um den Wissenserwerb der beteiligten Kinder zu verdeutlichen und zu vertiefen?
- Ist mir die Bedeutung von Exemplarischem Lernen für den künftigen Kompetenzerwerb bzw. die Lebensbewältigung der Kinder bewusst?

g) Mitbestimmung und Partizipation

Kinder sollen von Anfang an an ihren Lernprozessen beteiligt werden. Dies kann besonders gut z. B. bei der Projektarbeit zur Anwendung kommen. Die Beteiligung beginnt dort schon bei der Themenauswahl, setzt sich fort in der Planungsphase und Durchführung wie auch in der Dokumentation und Präsentation. Kinder diskutieren bei Inhalten, Zielen, Vorgehensweisen und Methoden des Lernprozesses mit. Sie suchen bei Problemen gemeinsam Lösungen und regeln ihre Angelegenheiten möglichst selbst (auch hier gilt: den Entwicklungsstufen und individuellen Möglichkeiten und Voraussetzungen der einzelnen Kinder gemäß).

Alle am Lernprozess Beteiligten (und dabei sollten sich auch die beteiligten Erwachsenen, Erzieherinnen und Eltern als solche sehen) bestimmen in diesen Einzelschritten mit und haben daran teil (teilhaben: lat. „participere"; Partizipation). Dies bewirkt zum einen eine hohe Motivation aller, eine hohe freiwillige Verantwortungsübernahme und -verteilung sowie ein breites Spektrum an Erfahrungs- und Lernmöglichkeiten.

Leben, Lernen und Arbeiten nach dem Prinzip der Partizipation in der Kindertageseinrichtung bereitet die Kinder somit auf demokratische Gemeinschaftsformen und schließlich und endlich auf unsere Staatsform vor.

Ganz wesentlich ist dabei jedoch auch, wie Erwachsene Partizipation zulassen und diese selbst in der Zusammenarbeit im Team und mit Eltern praktizieren. Das kann sich in kleinsten Entscheidungsprozessen im Alltag einer Kindertageseinrichtung bemerkbar machen. Mitbestimmung und Partizipation bedeutet letztendlich allen Beteiligten Raum und Wort zuzugestehen und sie in ihrer Person ernst zu nehmen. Es bedeutet ebenso, sich selbst einzureihen in eine Gemeinschaft von Lernenden und sich nicht als diejenige zu sehen, die die Vorgänge bestimmt und alles besser weiß.

Durch partizipatorisches Handeln geben Erzieherinnen zum einen Macht ab, zum anderen erfahren sie Entlastung und Bereicherung zugleich: Entlastung durch das Teilen von Verantwortung und Bereicherung, weil Sie möglicherweise auf ganz neue, ihnen bislang unbekannte Ideen und Anregungen stoßen.

Beispiel:

> Der Verlauf Ihres Projektes ist ins Stocken geraten. Genau abgesprochene Aktivitäten haben nicht das gewünschte Ergebnis erreicht. Sie berufen also eine Besprechung mit den beteiligten Kindern ein und erfragen, worin aus ihrer Sicht die Ursache des Scheiterns liegen könnte. Dabei können Ursachen zu Tage treten, die Sie als Erzieherin möglicherweise vorher gar nicht absehen konnten: Es können Streitigkeiten unter Kindern auftreten, vorher besorgtes Material kann nicht ausreichen, die Umsetzung ist zu schwierig, vielleicht fehlt auch ein Zwischenschritt oder eine notwendige Information.
> Dies alles können Sie nur im Dialog mit den Kindern erkunden und dadurch, dass Sie deren Sicht und Erfahrung ernst nehmen, dass Sie den Kindern und deren Erfahrungen Raum geben und sie zu Wort kommen lassen. Sie bestimmen nicht selbst, wie es weiterzugehen hat, sondern ergründen die Ursachen und erarbeiten gemeinsam mit den Kindern, was nun nächste Schritte sein können oder müssen oder ob und welche Zwischenschritte eingelegt werden müssen.

Überprüfen Sie sich selbst:

- Wie weit gebe ich Kindern in Planungs- und Entscheidungsprozessen das Wort?
- Kann ich es aushalten, nicht alleine zu planen und zu gestalten?
- Kann ich mich in einen offenen Planungsprozess mit anderen begeben, bei dem ich nicht vorher weiß, was dabei herauskommt?

- Wie gehe ich damit um, wenn andere (Kinder, Kolleginnen, Eltern) gute und vielleicht bessere Ideen haben als ich?
- Lasse ich mich gerne von anderen inspirieren?
- Kann ich Verantwortung und Macht abgeben? Auch an Kinder?
- Wie weit kenne ich die einzelnen Entwicklungs- und Kompetenzstufen der mir anvertrauten Kinder, um einschätzen zu können, was ich ihnen an Aufgaben und Verantwortung zutrauen kann?

h) Lebensnähe

Mit diesem Aspekt soll die Ausgliederung des Kindes aus der Erwachsenenwelt, sein Leben in Sonderumwelten mit oftmals mangelnder Naturerfahrung sowie der Aspekt des „Schonraums" Kindertagesstätte aufgebrochen werden.

Das Prinzip der Lebensnähe meint die konkrete Umwelt des Kindes, die die Wirklichkeit um es herum zu seinem Lernfeld werden lässt. Indem sich das Kind Erfahrungsräume im Umfeld der Kindertagesstätte erschließt und dort Lernsituationen begegnen darf, wird es so nah wie möglich mit Lebensrealitäten konfrontiert. Das Kind tritt dabei heraus aus einem pädagogisch isolierten Raum, in dem es nie aus erster Hand Dinge und Sachverhalte der Welt, in der es lebt, erfährt, sondern vielmehr aus zweiter Hand, nämlich durch vorgefertigtes Material (Bücher, Filme, Hörspielkassetten, konstruiertes Spiel- und Lernmaterial etc.). Durch das Heraustreten in die Lebenswirklichkeit begegnet es ganz direkt vielfältigen Sachverhalten und Problemen, die ihm wertvolle Grundlagen zur Lebensbewältigung liefern.

Beispiel:

Kinder besuchen ein historisches Gebäude in ihrer Wohnumgebung. Neben dessen geschichtlichem Kontext, insbesondere auch hinsichtlich der Bedeutung für die Gemeinde oder Stadt, in der es erbaut wurde, und somit dem direkten Lebensumfeld der Kinder, neben seiner Entstehungsgeschichte, der Baukunst, dem Zeitalter der Entstehungszeit etc. können auch problematische Aspekte wie der Zerfall und die Denkmalpflege eines solchen Bauwerkes deutlich werden.

Überprüfen Sie sich selbst:

- Inwieweit ermögliche ich Kindern die Konfrontation mit ihrer direkten Umgebung?
- Wie sehr baue ich die direkte Teilhabe an der Lebensumgebung der Kinder in meinen pädagogischen Alltag ein?
- Was hindert mich evtl. daran, dies zu tun? (Halten Sie hier bitte einmal bewusst inne, bevor Sie zu Argumenten wie strukturellen Bedingungen oder Rahmenbedingungen Ihrer Kindertageseinrichtung greifen.)
- Wie sehr bin ich selbst an der Lebensumgebung der Kindertagesstätte interessiert?
- Bin ich neugierig auf Sachverhalte und Zusammenhänge in derselben?
- Wie sehr bin ich mir deren Bedeutung für die Lebensrealität der von mir betreuten Kinder bewusst?
- Inwieweit bin ich mir selbst meiner direkten Lebensumgebung bewusst und daran interessiert? Was weiß ich von meinem direkten Wohn- und Lebensumfeld?

i) Erfahrungslernen

Die soeben genannten Prinzipien machten bereits deutlich: Durch Erfahrung wird man klug. Die Öffnung der Kindertagesstätte nach außen, die wiederum Lebensnähe und Umwelterkundung zulässt, erweitert das Erfahrungsspektrum des Kindes um ein Vielfaches und bereitet es dadurch mit ganz wesentlichen Komponenten auf das Leben vor.

Erfahrungen kann das Kind grundsätzlich machen, indem es andere Personen oder bestimmte Handlungsschritte beobachtet oder nachmacht. Die wertvollste und am tiefsten gehende Erfahrung ist allerdings die „aus erster Hand".

Beispiel:

Ein Kind möchte im Turnraum einen Tunnel bauen. Es sammelt zunächst einiges an „Baumaterial" zusammen und beginnt nun Kissen, Reifen und Stäbe so zu konstruieren, dass sie einen Tunnel ergeben sollen. Dabei stürzt das Gebäude immer wieder in sich zusammen. Sie beobachten aus der Entfernung die aus Ihrer Bewertung heraus nicht unbedingt logischen Konstruktionen und das nicht zweckmäßige Material. Sie selbst wissen genau, welches Material Sie wie verwenden würden, um einen Tunnel zu bauen. Sie würden sich vielleicht auch noch Hilfe dazu holen, Personen, die Material festhalten oder stützen könnten. Doch über das vielfältige Versuchen, Experimentieren und Scheitern entwickelt das Kind schließlich sein ganz eigenes Konstrukt, nimmt sich vielleicht im weiteren Verlauf weitere Kinder als Assistenten und auch anderes Material dazu. Das Ergebnis sieht evtl. ganz anders aus, als wenn Sie die Herausforderung angenommen hätten. Das betroffene Kind jedoch hat für sich viele wertvolle Erfahrungen über Materialbeschaffenheit, Konstruktionstechniken, Statik und soziales Miteinander machen können, um die es quasi betrogen worden wäre, hätte es diese nicht selbst und eigenständig erforschend machen dürfen.

Überprüfen Sie sich selbst:

- Kann ich mich selbst in Situationen zurücknehmen und das Kind seine Erfahrungen selbst machen lassen?
- Erkenne ich den Wert eigener Erfahrungen für nachhaltiges Lernen an?
- Kann ich das bisher erworbene Wissen eines Kindes und seine auf Grund dessen vorliegende Handlungskompetenz anerkennen und wertschätzen?
- Gelingt es mir, einen ressourcenorientierten Blick an Stelle eines defizitorientierten Blickes einzunehmen?
- Sehe ich immer wieder und bewusst die vielen individuellen Möglichkeiten und Voraussetzungen der von mir betreuten Kinder?
- Sehe ich mich in meiner Rolle und Aufgabe als Erzieherin als ein Subjekt unter vielen anderen Subjekten (Kindern, Kolleginnen und Eltern) mit den mir eigenen Erfahrungen, die mit mir und meiner Lebens- und Lerngeschichte zu tun haben?
- Gelingt es mir, auch das Kind mit diesem Blick wahrzunehmen?

j) Inhaltliche und methodische Offenheit

Wenn Sie die Prinzipien entdeckenden, forschenden und selbsttätigen Lernens bedenken, das Problemlösung ermöglicht und Kommunikation fördert, das Individualität zulässt und unterstützt, erfordert dies Organisations- und Lernformen, die inhaltlich wie auch methodisch offen sind, in denen Kinder gestalten können, in denen sich die Erzieherinnen in einen offenen Prozess gemeinsamen Lernens begeben können, der neugierig macht auf die Entwicklungsprozesse jedes einzelnen Kindes und auch ihres eigenen. Dies bedeutet für Erzieherinnen jedoch:

sich bewusst zu sein, dass im Prozess lebendigen Lernens nicht alles vorher festgelegt ist, dass ihnen damit womöglich ein Stück Kontrollmöglichkeit abhanden gerät und sie sich selbst auf unbekannten Boden begeben müssen, um diese so wertvollen Prozesse zu ermöglichen. Das heißt konkret: Im Prozess lebendigen Lernens ist nicht von Anfang an schon alles klar festgelegt, weder Inhalte noch Methoden. Bekannt ist das Ziel, das die pädagogischen Fachkräfte gemeinsam mit den Kindern (und Kolleginnen) ansteuern, auch die ersten Schritte, die sie tun wollen, und ebenso noch, wie diese erfolgen sollen. Doch spannend wird es dann in der Umsetzung: Welche Ideen und Probleme begegnen ihnen dabei? Wie bewältigen sie diese gemeinsam? Welche Erfahrungen können sie noch machen, die sie vorher gar nicht absehen konnten?

Beispiel:

Sie besuchen im Rahmen eines Großprojektes „Verschiedene Berufe kennen lernen“ eine Autowerkstatt, um die Aufgaben und Tätigkeiten eines Automechanikers zu erkunden. Während all der Erläuterungen und Vorführungen eines bereitwilligen Mechanikers beobachtet ein Kind, dass der Mann ganz schwarze, schmutzige Hände hat. Aus der Frage, wie er die denn sauber bekommt, kommt das Gespräch im Nu auf Seife und Spezialseifen und schließlich landen Sie inhaltlich bei verschiedenen Reinigungsmitteln des Haushalts. Da Sie – zurück in der Kindertagesstätte – spüren, dass das derzeitige Interesse sehr stark diesem Thema gilt, können Sie dies mit in ihr Gesamtprojekt einbinden, indem Sie mit den Kindern in einem Gespräch sammeln, welche Reinigungsmittel und -geräte sie kennen, wozu diese benutzt oder gebraucht werden. Damit gestalten Sie eine Überleitung zum Tätigkeitsbereich einer Reinigungskraft. Vielleicht kennen die Kinder auch die Reinigungskräfte Ihrer Einrichtung oder eine Mutter ist selbst als solche tätig.

Sie bleiben in dem Moment nicht starr bei dem evtl. vorher Festgelegten, sondern öffnen sich den aktuellen Themen und Interessen und somit auch Motivationen der Kinder. Damit garantieren Sie einen stärkeren Lerneffekt, als wenn Sie diese Motivation brechen und am ursprünglich Vorgesehenen mit viel Mühe und Motivationsarbeit weiterarbeiten würden.

Überprüfen Sie sich selbst:

- Bin ich selbst offen und neugierig in Lernprozessen?
- Bin ich bereit und in der Lage, trotz inhaltlicher Abweichungen genau diese als wichtig anzuerkennen und ihnen Raum zu geben?
- Bin ich in der Lage, trotz inhaltlicher Offenheit den Überblick über den Gesamtprozess zu behalten und den Bogen zum übergeordneten Ziel zu schlagen?
- Bin ich bereit, auch einmal neue Lösungswege und neue Methoden auszuprobieren (die von Kindern oder anderen in den Prozess involvierten Erwachsenen kommen)?
- Kann ich inhaltliche und methodische Offenheit auch als Bereicherung und eigene Entwicklungschance sehen?
- Wie sehr brauche ich selbst Kontrolle und Kontrollmöglichkeit?
- Brauche ich diese evtl. als Sicherheit und zur Orientierung?
- Kann ich es aushalten, wenn nicht schon im Voraus kleinste Schritte planbar sind?

Literatur

Beck, Herbert (2003): Neurodidaktik oder: Wie lernen wir? In: Erziehungswissenschaft und Beruf, Heft 3, download: http://www.linux.sembs.rv.bw.schule.de/contendio441/cms/upload/baier/neurodidaktik_beck.pdf

Becker-Textor, Ingeborg (2004): Maria Montessori – Erziehung zur Selbständigkeit. In: Pädagogische Handlungskonzepte von Fröbel bis zum Situationsansatz. *kindergarten heute spezial*, Freiburg: Herder, S. 16–20

Beer, Peter / Langenmayr, Margret (2003): Lernfeldorientierung in der Erzieherinnenausbildung. München: Don Bosco

Carr, Margaret (2001): Assessment in early childhood settings: Learning Stories. London: Chapman. [als Grundlage des DJI-Projektes *Bildungs- und Lerngeschichten als Instrument zur Konkretisierung und Umsetzung des Bildungsauftrags im Elementarbereich* siehe: http://www.cgi.dji.de/cgi-bin/projekte/output.php?projekt=320]

Dreier, Anette (1993): Was tut der Wind, wenn er nicht weht? – Begegnung mit der Kleinkindpädagogik in Reggio Emilia. Berlin/Weinheim: Juventa

Ebert, Sigrid (2003): Zur Reform der Erzieherinnenausbildung. In: Wassilios E. Fthenakis (Hrsg.): Elementarpädagogik nach PISA. Freiburg: Herder, S. 331–352

Eichhorn, Jutta (2005): Konsequenzen aus dem Schock. Eine Übersicht über den Stand der Bildungspläne und -empfehlungen in den Bundesländern. In: *Kindergarten heute*, Heft 1, Freiburg: Herder, S. 20–27

Eichhorn, Jutta (2005): Konsequenzen aus dem Schock. Eine Übersicht über den Stand der Bildungspläne und -empfehlungen in den Bundesländern. In: *Kindergarten heute*, Heft 3, Freiburg: Herder, S. 30–38

Elschenbroich, Donata (2001): Weltwissen der Siebenjährigen. München: Goldmann

Fthenakis, Wassilios E. (2003): Zur Neukonzeptualisierung von Bildung in der frühen Kindheit. In: Ders. (Hrsg.): Elementarpädagogik nach PISA – Wie aus Kindertagesstätten Bildungseinrichtungen werden können. Freiburg: Herder, S. 18–37

Gewerkschaft Erziehung und Wissenschaft (GEW) Hauptvorstand, Organisationsbereich Jugendhilfe und Sozialarbeit: Erzieherinnen an die Hochschule – Der Anfang ist gemacht (www.gew.de)

Gisbert, Kristin (2004): Lernen lernen – Lernmethodische Kompetenzen in Kindertageseinrichtungen fördern. Weinheim/Basel: Beltz

Griebel, Wilfried / Niesel, Renate (2003): Die Bewältigung des Übergangs vom Kindergarten in die Grundschule. In: Wassilios E. Fthenakis (Hrsg.): Elementarpädagogik nach PISA. Freiburg: Herder, S. 136–151

Heller, Elke / Kopnick, Jana / Krüger, Angelika / Preissing, Christa / Urban, Matthias: Qualität im Situationsansatz, Ergebnisse des 1. Projektjahres, Stand Juni 2001, INA, Freie Universität Berlin, Institut für den Situationsansatz

Kazemi-Veisari, Erika (2004): Reggio-Pädagogik – Lebendiger Dialog zwischen Erwachsenen und Kindern. In: Pädagogische Handlungskonzepte von Fröbel bis zum Situationsansatz, *kindergarten heute spezial*, Freiburg: Herder, S. 36–41

Klein, Lothar (1998): Freinet-Pädagogik in Kindertageseinrichtungen. Konzeptbuch Kindergarten. Freiburg: Herder

Klein, Lothar (2004): Céléstin Freinet – Aus dem Leben für das Leben. In: Pädagogische Handlungskonzepte von Fröbel bis zum Situationsansatz, *kindergarten heute spezial*, Freiburg: Herder, S. 22–29

Kobelt Neuhaus, Daniela (2005): Lob des Fehlers. In: TPS 08, Seelze/Velber: Kallmeyer, S. 15–19

Krappmann, Lothar / Oswald, Hans (1995): Alltag der Schulkinder. Weinheim: Juventa

Kronberger Kreis für Qualitätsentwicklung in Kindertageseinrichtungen (1998): Qualität im Dialog entwickeln – Wie Kindertageseinrichtungen besser werden. Seelze/Velber: Kallmeyer

Laevers, Ferre (1997): Leuvener Engagiertheitsskala für Kinder LES-K. Deutsche Fassung der Leuven Involvement Scale for Young Children (übers. und bearb. von Klara Schlömer). Berufskolleg des Kreises Heinsberg in Erkelenz, Abt. Fachschule für Sozialpädagogik. Wegberg: Schlömer und Kellermann

Laewen, Hans-Joachim (Hrsg.): Grenzsteine der Entwicklung als Grundlage eines Frühwarnsystems für Risikolagen in Kindertageseinrichtungen, Teil 1–3. INFANS (Institut für angewandte Sozialisationsforschung/frühe Kindheit e.V.) Berlin und Brandenburg
Download: http://www.mbjs.brandenburg.de/sixcms/detail.php/lbm1.c.235422.de, Grenzsteine der Entwicklung – Das Verfahren, Beobachtungsbögen, Elterninformation

Laewen, Hans-Joachim / Andres, Beate (2002): Bildung und Erziehung in der frühen Kindheit. Weinheim: Beltz

Laewen, Hans-Joachim / Andres, Beate / Hédévári, Èva (2000): Ohne Eltern geht es nicht. Neuwied: Luchterhand

Länderbericht der Organisation für wissenschaftliche Zusammenarbeit und Entwicklung (OECD): Die Politik der frühkindlichen Betreuung, Bildung und Erziehung in der Bundesrepublik Deutschland, Stand 26. November 2004

Lill, Gerlinde (2004): Bildungswerkstatt Kita. Weinheim: Beltz

Mayr, Toni / Ulich, Michaela (2003): Seelische Gesundheit bei Kindergartenkindern. In: Wassilios E. Fthenakis (Hrsg.): Elementarpädagogik nach PISA. Freiburg: Herder, S. 190–205

Mogge, Birgitta (2003): Null Bock ist hausgemacht. Interview mit dem Göttinger Neurobiologen Gerald Hüther. In: *Rheinischer Merkur*, Heft 41

Montada, Leo (1998): Die geistige Entwicklung aus Sicht Jean Piagets. In: Rolf Oerter / Leo Montada: Entwicklungspsychologie. Ein Lehrbuch. Weinheim: Beltz, S. 518–560

Montessori, Maria (1979): Spannungsfeld Kind – Gesellschaft – Welt. Freiburg: Herder

Montessori, Maria (1994): Das kreative Kind. Freiburg: Herder

Münchmeier, Richard (1999): Kindheit und Familie im Wandel – Neue Herausforderungen. In: TPS – Profil. Qualität für Kinder – Zwischen Markt und Menschlichkeit. Analysen, Bedingungen, Konzepte. Seelze: Kallmeyer, S. 9–22

Reinhard Kahl (1995): „List des Spiels“, aus der Serie „Lob des Fehlers“, Folge 4, Videofilm.

Resch, Franz (2004): Der Einfluss gesellschaftlicher Rahmenbedingungen auf die kindliche Entwicklung. In: Karl Gebauer / Gerald Hüther (Hrsg.): Kinder brauchen Wurzeln. Düsseldorf/Zürich: Patmos, S. 90–106

Saarni, Carolyn (1999): The development of emotional competence. New York: Guildford

Schäfer, Gerd E. (2002): Bildungsprozesse im frühen Kindesalter. Download: http://www.offenburg.de/dynamic/assets/schaefer.pdf

Schäfer, Gerd E. (2003): Bildung beginnt mit der Geburt. Weinheim: Beltz

Schäfer, Gerd E. (2003): Die Bildungsdiskussion in Deutschland Download: http://www.uni-koeln.de/ew-fak/paedagogik/fruehekindheit/texte/02.Delphi.pdf

Schäfer, Gerd E. (2004): Beobachten und Dokumentieren in KiTas. In: *Kindergarten heute*, Heft 8, S. 6–15

Senckel, Barbara (2004): Wie Kinder sich die Welt erschließen. München: C. H. Beck

Silbereisen, Rainer K. (1998): Soziale Kognition: Entwicklung von sozialem Wissen und Verstehen. In: Rolf Oerter / Leo Montada: Entwicklungspsychologie. Ein Lehrbuch. Weinheim: Beltz, S. 823–862

Singer, Wolf (2003): Was kann ein Mensch wann lernen? In: Wassilios E. Fthenakis (Hrsg.): Elementarpädagogik nach Pisa. Freiburg: Herder, S. 67–75

Spitzer, Manfred (2000): Geist im Netz – Modelle für Lernen, Denken und Handeln. Heidelberg und Berlin: Spektrum, S. 19

Spitzer, Manfred (2002): Lernen – Gehirnforschung und die Schule des Lebens, Heidelberg und Berlin: Spektrum, S. 37

Stern, Elsbeth (2003): Rezepte statt Rezeptoren. In: DIE ZEIT, Nr. 40

Textor, Martin R. (1995): Projektarbeit im Kindergarten – Planung, Durchführung, Nachbereitung. Freiburg: Herder

Thiesen, Peter (2003): Beobachten und Beurteilen in Kindergarten, Hort und Heim. Weinheim: Beltz

Tietze, Wolfgang (Hrsg.) (2004): Pädagogische Qualität entwickeln. Weinheim: Beltz

Tietze, Wolfgang / Viernickel, Susanne (Hrsg.) (2002): Pädagogische Qualität in Tageseinrichtungen für Kinder. Weinheim: Beltz

Tröster, Heinrich et al. (2004): Dortmunder Entwicklungsscreening DESK 3–6. Göttingen: Hogrefe

Ullrich, Wolfgang / Brockschnieder, Franz-J. (2001): Reggiopädagogik im Kindergarten. Freiburg: Herder

Viernickel, Susanne / Völkel, Petra (2005): Beobachten und Dokumentieren im pädagogischen Alltag. Freiburg: Herder

Völkel, Petra (2002): Kindliche Entwicklung aus konstruktivistischer Perspektive. In: Andres Laewen: Bildung und Erziehung in der frühen Kindheit, Weinheim: Beltz, S. 103–158

Völkel, Petra (2002): Geteilte Bedeutung – Soziale Konstruktion. In: Andres Laewen: Bildung und Erziehung in der frühen Kindheit, Weinheim: Beltz, S. 159–207

Welzer, Harald (1993): Transitionen – zur Sozialpsychologie biographischer Wandlungsprozesse. Edition discord, Tübingen. In: Wassilios E. Fthenakis (Hrsg.): Elementarpädagogik nach PISA. Freiburg 2003: Herder, S. 139

Wiedebusch, Silvia / Petermann, Franz (2004): Emotionale Kompetenz bei Kindern – Entwicklung und Bedeutung. In: *Kindergarten heute*, Heft 5, S. 6–13

Wustmann, Corinna (2003): Was Kinder stärkt. Ergebnisse der Resilienzforschung und ihre Bedeutung für die pädagogische Praxis. In: Wassilios E. Fthenakis (Hrsg.): Elementarpädagogik nach PISA. Freiburg: Herder, S. 106–135

Wustmann, Corinna (2004): Resilienz – Widerstandsfähigkeit bei Kindern fördern. In: *Klein & Groß*, Heft 8, S. 28–31